Margot Hellmiß

# Meine allerliebsten Katzengeschichten

mit Illustrationen von Sigrid Gregor

gondolino

© für diese Ausgabe: gondolino
in der Gondrom Verlag GmbH, Bindlach 2002
Coverillustration: Kirstin Young
ISBN 3-8112-2081-0

Der Umwelt zuliebe gedruckt auf chlorfrei gebleichtem Papier.

# Inhalt

# Die Katze im Moor

Die Katze saß mitten auf der Straße. Sie hatte ein gelb getigertes Fell und sah traurig und verlassen aus.

Hinter ihr führte der Weg endlos geradeaus immer weiter ins Moor hinein. Rechts und links von der Straße ragte meterhohes Schilfgras aus dem sumpfigen Boden. Dahinter wuchsen hohe grüne Bäume, die diese Feuchtigkeit gut vertragen konnten: Trauerweiden, Birken und vereinzelt Kiefern.

Es war sehr still. Lautlos hoben und senkten sich Schwärme von Stechmücken wie Wolken aus ihrem sumpfigen Revier. Ganz weit hinten war gerade noch ein brauner Bretterverschlag erkennbar, in dem offensichtlich jemand wohnte. Vielleicht ein Waldarbeiter mit seiner Familie.

An einer Leine hingen bunte Wäschestücke, die wie lustige Fähnchen in der braungrünen Eintönigkeit der Moorlandschaft flatterten.

Die Katze bewegte sich nicht von der Stelle, auch nicht, als ein Schwarm angriffslustiger Stechmücken um ihren Kopf herum Fangen spielte. Sie saß wie versteinert.

In der Ferne hielt ein Wagen. Ein Mann und eine Frau stiegen aus. Sie hakten einander unter und spazierten mit

flottem Schritt die Straße hinunter. Es waren Ulla und Jockel, ein Ehepaar um die fünfzig. Sie machten jeden Tag nach dem Mittagessen ein Schläfchen und hinterher gingen sie eine Stunde im Moor spazieren.

„Du, da liegt etwas!", sagte Ulla und deutete auf einen gelben Fleck auf der Straße.

„Ja, tatsächlich. Das ist eine Katze!", antwortete Jockel, der bessere Augen hatte als Ulla.

„Ist ja merkwürdig, hier in dieser Einsamkeit", meinte Ulla.

Schweigend marschierten die beiden weiter und atmeten tief die reine Moorluft ein, die noch unberührt von Autoabgasen war. Nur wenige „Stinkschleudern", wie Jockel die Autos manchmal nannte, fuhren auf der holprigen Straße.

Als sie zu der Stelle kamen, wo die Katze immer noch unbeweglich dasaß, beugte sich Ulla zu ihr hinab und streichelte liebevoll ihr weiches Fell.

Die Katze drehte ein wenig den Kopf und blickte Ulla aus ihren bernsteinfarbenen Augen erstaunt an. Dann öffnete sie ein wenig das Schnäuzchen und brachte ein klägliches „Miau!" hervor. Und plötzlich schnellte ihre kleine, raue rosa Zunge hervor und die Katze leckte andächtig Ullas Hand ab.

Es bestand gar kein Zweifel daran: Sie hatte auf Anhieb mit Ulla Freundschaft geschlossen.

Da war sie bei Ulla genau an die Richtige geraten. Ulla war in Katzen regelrecht vernarrt, hatte aber nie eine eigene besessen.

„Dich würde ich gerne behalten!", flüsterte Ulla der Katze ins Ohr.

Ob das Tier sie wohl verstand? Zumindest spitzte es aufmerksam die Ohren.

„Die Katze gehört doch bestimmt jemandem!", sagte Jockel und holte seine Frau damit wieder auf den Boden der Tatsachen.

Das musste wohl stimmen, denn die Katze hatte ein gepflegtes Fell und war gut genährt. Jockel untersuchte sie näher und stellte fest, dass die Katze ein Kater war. Der Kater trug jedoch kein Halsband und er hatte auch keine Nummer im Ohr. Danach hätte man leicht ermitteln können, wer sein Besitzer war.

„Er gehört bestimmt zu der Hütte dahinten!", sagte Ulla und deutete auf das Holzhaus, das am Horizont zu erkennen war.

„Das glaube ich auch", meinte Jockel.

Die beiden wollten ihren Spaziergang wie gewohnt fortsetzen. Als sie jedoch ein paar Schritte gegangen waren,

erhob sich der gelbe Kater von seinem Platz und lief ziel-
strebig hinter Ulla und Jockel her.

„Oh, wir haben Begleitung!" Ulla freute sich.

„Hm!", brummte ihr Mann bloß.

Das Ehepaar spazierte weiter die Straße entlang,
kehrte dann nach einer halben Stunde um und ging zurück
zum Auto. Der Kater folgte ihnen stets im Abstand von
etwa einem Meter. Als er sah, dass sich die beiden zur
Abfahrt bereitmachten, setzte er sich vor das Auto auf die
Straße.

„Siehst du, er will mitkommen!", sagte Ulla mitfühlend.

„Quatsch!", entgegnete Jockel. „Außerdem können wir doch keine Katze klauen!"

Obwohl er merkte, dass Ulla traurig war, ließ Jockel den Wagen an, lenkte ihn vorsichtig um den Kater herum und fuhr langsam davon. Ulla sah dem einsamen Kater noch lange mit sehnsüchtigen Augen nach.

Als sie wieder zu Hause waren, ging Ulla in den Garten und jätete Unkraut. Sie war sehr nachdenklich. Der Kater wollte ihr nicht aus dem Kopf gehen. Was war, wenn er niemandem gehörte und elend im Moor zugrunde ging? Daran musste sie dauernd denken. Ulla zog die Gummihandschuhe und die Gartenschürze aus und ging wieder ins Haus. Schweigend machte sie sich daran, das Abendessen zuzubereiten.

„Jockel!", sagte sie plötzlich laut.

Ihr Mann, der am Küchentisch saß und die Zeitung las, zuckte leicht zusammen.

„Wir fahren noch mal ins Moor!", fuhr Ulla fort und war schon bei der Garderobe, wo sie ihre Schuhe und die blaue Jacke anzog.

Jockel nickte. Er wusste, dass jeder Widerstand zwecklos war, wenn Ulla in diesem Tonfall mit ihm sprach. Rasch warf er sich eine Jacke über und fuhr den Wagen

wieder aus der Garage.

Als das Auto kurz darauf in den Moorweg einbog, sahen Ulla und Jockel schon von weitem, dass der Kater noch immer regungslos am selben Fleck saß. Langsam begannen seine Umrisse in der hereinbrechenden Dunkelheit zu verschwimmen.

Als sie den Kater erreicht hatten, hielt Jockel an. Ulla öffnete die Tür und ehe sie sich's versahen, war der Kater schon auf den Rücksitz gesprungen.

„Na, siehst du, er hat auf uns gewartet, es ist unser Kater!", sagte Ulla. „Er ist für uns bestimmt!"

„Soso!", brummte ihr Mann und lächelte sie an.

Ulla brauchte Jockel nicht zu sagen, wohin er jetzt fahren sollte. Er wusste es auch so. Er ließ den Motor an und steuerte auf das Holzhaus zu, dessen erleuchtete Fenster in der Dunkelheit wie Laternen aussahen.

Als sie beim Haus angekommen waren stiegen Jockel und Ulla aus. An der Holztür des Hauses war statt einer Klingel ein Eisenring angebracht, mit dem Ulla dreimal gegen die Tür pochte.

Ein älterer Mann mit dicken grauen Haaren öffnete und fragte freundlich, ob sie sich verfahren hätten. Noch ehe Ulla antworten konnte, hatte der Mann schon den gelben Kater im Auto erspäht.

„Das arme Tierchen!", sagte er und erzählte sofort, was er von dem Kater wusste. Er hatte gesehen, wie ganz früh an diesem Morgen ein Auto die Straße entlanggefahren war. Es hatte gehalten und als es wieder weiterfuhr, war plötzlich der Kater auf der Straße gesessen.

„Erst hat er erbärmlich geschrieen", berichtete der Mann. „Aber das Auto kam nicht mehr zurück. Dann hat das Tier den ganzen Tag über an der Stelle gesessen, an der man es ausgesetzt hatte. Bestimmt hat es gehofft, dass sein Herrchen oder sein Frauchen es von dort wieder abholt! O Gott, was sind das nur für Leute, die ihre Katze einfach aussetzen, wenn sie ihnen lästig wird!", schloss der Mann seinen Bericht.

Ulla war entsetzt und gleichzeitig erleichtert.

„Ich finde so etwas auch schrecklich und grausam. Es ist schlimm, dass man nichts dagegen unternehmen kann", sagte sie und machte eine Pause. „Eigentlich wollten wir uns nur vergewissern, dass der Kater nicht Ihnen gehört", sagte sie dann. „Von nun an ist das nämlich unser Kater und er wird es bei uns bestimmt gut haben!"

Auf der Rückfahrt dachte Ulla sich für ihren neuen Hausgenossen gleich einen Namen aus: Der Kater sollte Paulchen heißen.

# Lebensrettung

Jeden Donnerstag kam der Eierbauer zu uns nach Hause. Er brachte frische Eier, die die Hühner auf seinem Bauernhof gelegt hatten. Unser Eierbauer hieß Hansi, obwohl er schon ein erwachsener Mann über vierzig war. Alle nannten ihn „Oa-Hansi". Das ist bayrisch und heißt auf hochdeutsch „Eier-Hansi".

Diesmal war es schon fast zwölf Uhr, als endlich die Türglocke schellte. Ich hatte im Hausflur gespielt und war als Erste an der Tür. Als ich öffnete, grinste Hansi mich an. „Drei Lagen wie immer?", fragte er.

Ich nickte. Wir brauchten jedes Mal die gleiche Menge an Eiern. Hansi wusste das. Er hielt auch bereits drei flache Kartons, die mit braunen Hühnereiern gefüllt waren, in seinen Händen.

Vorsichtig, damit kein Ei zerbrach, beugte er sich zu mir herunter. Er zwinkerte mit einem Auge, tat geheimnisvoll und flüsterte mir ins Ohr: „Heute hab' ich eine große Überraschung für euch!"

Dann ging Hansi mit festem Schritt in die Küche und stellte auf dem großen Tisch seine Eierkartons ab. Meine Mutter hatte das Geld schon abgezählt bereitgelegt und gab es ihm in die Hand. Ohne nachzuzählen, steckte es

Hansi in die Geldtasche. Wieder machte er ein geheimnisvolles Gesicht. Dann griff er vorsichtig mit einer Hand in seine Jackentasche, zog etwas hervor und legte es auf den Tisch.

Meine Geschwister und ich starrten auf das Bündel auf dem Küchentisch. Es war rund und grau und sah aus wie das Knäuel Angorawolle, aus dem sich meine Mutter im vergangenen Winter einen flauschigen Pullover gestrickt hatte.

Als sich das Knäuel jetzt drehte, kamen vier kurze Beinchen zum Vorschein. Dann tauchte aus dem mausgrauen Wuschelfell ein Gesicht auf. Zwei blaugraue Kulleraugen schauten verängstigt vom Küchentisch herunter.

„Ein Kätzchen!", schrie Maria.

Das graue Fellbündel, das ohnehin bereits am ganzen Körper zitterte, zuckte vor Schreck noch mehr zusammen. Ich nahm es vorsichtig in eine Hand und streichelte es mit der anderen, damit es sich ein wenig beruhigte.

„Ein Kätzchen!", wiederholte Mama wenig begeistert und schaute Hansi fragend an.

„Unsere Lise hat sechs Junge geworfen!", erklärte Hansi. „Da dachte ich, ihr würdet bestimmt gern ein Kätzchen haben! Es ist das schönste vom ganzen Wurf!", fügte er hinzu.

Meine Mutter war sprachlos. Sie hatte sich immer dagegen gewehrt, dass eine Katze ins Haus kam, weil sie befürchtete, dass das erste Interesse an dem Tier bei den Kindern bald nachlassen würde.

„Dann bleibt wieder die ganze Arbeit an mir hängen!", hatte sie oft gesagt und von vornherein abgelehnt, wenn die Sprache darauf kam.

„Wenn ihr das Kätzchen nicht nehmt, muss ich es ersäufen!", sagte Hansi.

„Nein, bloß nicht!", rief Sven entsetzt. Alle sahen Mama flehend an.

„Gut, es kann bleiben!", gab sie nach. „Aber nur, wenn einer von euch sich bereit erklärt, alle Arbeiten zu übernehmen!"

Sofort schrie jeder: „Ich, ich will das Kätzchen versorgen!"

Ich war richtig stolz, als Mama sich schließlich für mich entschied.

Als Hansi gehen wollte, sagte Mama noch zu ihm, dass sie künftig auf Überraschungen dieser Art verzichten könnte. Hansi nickte zerknirscht. Aber zum Abschied zwinkerte er mir noch einmal verschwörerisch zu.

Am Nachmittag kam mein Freund Willy vorbei.

Ich hatte für das Kätzchen bereits einen Strohkorb mit weichen Lappen ausgepolstert. Das sollte jetzt seine Wohnung sein. Ich legte das wuschelige Knäuel hinein und deckte es mit einer leichten Wolldecke zu, denn das Kleine zitterte immer noch sehr stark.

„Bestimmt hat es Hunger!", meinte Willy.

Darauf war ich natürlich auch schon gekommen. Aber das Kätzchen hatte das Schälchen Milch, das ich ihm neben den Korb gestellt hafte, bis jetzt noch nicht angerührt.

„Ist doch klar!", sagte Willy. „Babys trinken alle aus der Flasche, also auch Katzenbabys!"

Ich ärgerte mich, dass ich nicht von selbst auf diese Idee gekommen war. Aber ich musste Willy Recht geben.

In der Küche fanden wir keine Babyflasche. Kein Wunder, denn wir waren ja alle längst aus dem Alter heraus. Aber bei Lilly, meiner jüngsten Schwester, stöberten wir eine Babyflasche für Puppen auf.

„Die ist ideal!", rief Willy.

Die Liebesperlen, die in dem Fläschchen waren, kippten wir kurzerhand in Lillys Obstschale. Dann füllten wir lauwarme Milch in das Fläschchen und ich schob es dem Kätzchen in den Mund. Und siehe da, es nuckelte in wenigen Minuten die ganze Flasche leer.

„Die denkt jetzt, du bist ihre Mutter!", sagte Willy und lächelte. Ich lächelte zurück.

Als das Kätzchen satt war, legten wir es zurück in sein Körbchen und deckten es zu. Es war zwar jetzt etwas ruhiger als vor der Mahlzeit, aber es zitterte immer noch.

Ich guckte Willy beunruhigt an. „Vielleicht ist es krank!", meinte ich.

„Schon möglich!", murmelte er.

„Wie alt ist das Kätzchen eigentlich?", fragte Willy nach einer Weile.

„Vier Wochen, hat Hansi gesagt!"

„Jetzt verstehe ich, warum es sich so komisch benimmt!", sagte Willy. „Mein Onkel Peppi, der den Bauernhof hat, meint, junge Katzen darf man frühestens nach sechs Wochen von der Mutter trennen. Allerfrühestens! Sonst müssen sie sterben!"

Ich erschrak. Mein Kätzchen durfte nicht sterben! Ich konnte nicht einmal mehr mit Willy beratschlagen, was ich jetzt tun sollte, denn er musste zum Abendessen nach Hause.

„Du musst so tun, als seist du seine Mutter!", sagte Willy zum Abschied. „Vielleicht kannst du es dann retten!"

Ich war kreuzunglücklich. Wie sollte ich bloß dem Kätzchen seine Mutter ersetzen? Ich war ja selbst noch ein Kind.

Dann überlegte ich: Also, von seiner Mutter bekommt das Kätzchen Milch. Das hatte ich ja schon einigermaßen hingekriegt. Und die Milch saugt es aus ihren Zitzen. Ich steckte dem Kätzchen behutsam die Spitze von meinem kleinen Finger in den Mund. Es begann sofort daran zu nuckeln. Dann wusste ich nicht mehr weiter. Ganz sanft bettete ich das Kätzchen in meine Armbeuge und nahm es mit zum Telefon. Ich musste unbedingt Willy anrufen. Nur er konnte mir weiterhelfen.

Willy war gleich am Apparat. Mit vollem Mund sprach er in den Hörer: „Ich hab' mir schon gedacht, dass du das bist. Weißt du nicht, was du mit der Kleinen machen sollst?"

„Erraten!", sagte ich. „Du weißt doch von Onkel Peppi so viel über Katzen!"

„Wo ist sie jetzt?", fragte er.

„Sie liegt in meinem Arm und zittert!" „Das ist schlecht!", erwiderte er. „Übrigens haben sie bei Onkel Peppi auf dem Hof auch gerade junge Katzen. Das hat mir Mama erzählt. Vielleicht können wir da morgen rausfahren und uns einen Rat holen!"

„Prima, aber was mach' ich heute mit ihr?", fragte ich.

„Lass uns mal überlegen!", meinte Willy. Schließlich fiel ihm ein, dass die Katzenmutter ihre Babys dauernd

ableckt. „Onkel Peppi sagt, das hält sie sauber und bringt die Verdauung in Schwung!" Willy gab mir den Rat, das Kätzchen so oft wie möglich zu streicheln, damit es sich wie im Nest fühlt.

Ich klemmte den Hörer unters Kinn und streichelte das Kätzchen, während ich weiter Willys Worten lauschte. Erleichtert stellte ich fest, dass es in meinem Arm langsam ruhiger wurde und schließlich einschlief.

Für die Nacht gab mir Willy noch einen Tipp: „Du musst das Kätzchen mit ins Bett nehmen. Am besten legst du es so, dass es deinen Herzschlag spürt. Es glaubt dann, es ist bei seiner Mutter und den anderen Kätzchen im warmen Stroh! Aber pass auf, dass du es nicht erdrückst!"

„Danke, Willy!", sagte ich. „Das vergess' ich dir nie! Wenn sie überlebt, schulde ich dir einen großen Gefallen!"

Und Willy versprach, gleich morgen früh zu kommen, damit wir zu Onkel Peppi fahren konnten. Ich musste aufhören zu telefonieren, denn Mama hatte schon zweimal zum Abendessen gerufen.

Sachte legte ich das schlafende Kätzchen ins Körbchen zurück und lief ins Esszimmer.

Beim Essen sah mich Mama strafend an, weil ich das Käsebrot in Windeseile hinunterschlang. Ich wollte doch nur so schnell wie möglich wieder in mein Zimmer! Die

anderen unterhielten sich darüber, wie das Kätzchen heißen sollte. Aber das interessierte mich im Moment nicht.
„Erst einmal muss es am Leben bleiben", dachte ich.

„Darf ich aufstehen?", fragte ich und schaute Mama an.

Sie nickte. Wahrscheinlich dachte sie, ich könnte es
nicht so lange ohne mein Kätzchen aushalten. Sie konnte
ja nicht ahnen, dass es das Kätzchen war, das mich
brauchte.

Ganz schnell lief ich in mein Zimmer zurück. Das Kleine
schlief immer noch, aber es warf sich von Zeit zu Zeit
unruhig hin und her. „Ob es wohl die Nacht überstehen
wird?", ging es mir dauernd durch den Kopf.

Als Mama später kam, um das Licht auszuknipsen,
wunderte sie sich, dass ich schon im Bett lag. Sonst
maulte ich nämlich immer, dass ich noch gar nicht müde
sei.

Mama schaute in den Katzenkorb, der neben meinem
Bett stand. „Na, du Katzenmutter, dann schlaf mal
schön!", sagte sie und löschte das Licht.

„Gute Nacht!", murmelte ich und drehte mich zur Seite.

Sobald Mama die Tür hinter sich zugemacht hatte,
tapste ich leise wieder aus dem Bett, hin zum Katzenkorb.
Ich nahm das Kätzchen vorsichtig heraus. Es hatte wieder
angefangen zu zittern und atmete ganz langsam. Ich

kroch mit ihm ins Bett zurück und bettete es dahin, wo mein Herz laut und gleichmäßig pochte: auf die linke obere Brusthälfte.

In dieser Nacht tat ich kein Auge zu. Ich presste das Kätzchen immer wieder an mein Herz. Ich durfte nicht einschlafen, denn sonst hätte ich mich vielleicht im Bett herumgedreht und das kleine Wesen mit meinem Körpergewicht erdrückt.

Aber alles ging gut. Das Kätzchen überstand die erste Nacht und ich hatte das Gefühl, dass es am Morgen schon nicht mehr so schlimm zitterte. Dafür war ich hundemüde.

Willy kam gegen neun. Er hatte schon mit Onkel Peppi telefoniert.

„Onkel Peppi lässt dir ausrichten, du sollst das Kätz-chen gleich mitbringen!", rief er als Erstes. „Er will es zu Klara und den Jungen ins Nest legen. Er meint, das ist das Sicherste!"

Wir packten das Kätzchen in sein Körbchen und fuhren mit der S-Bahn zu Onkel Peppis Bauernhof. Onkel Peppi legte es sofort zu seiner Katze Klara ins Nest und sie behandelte es wie eines ihrer eigenen Jungen. Sie schien gar nicht zu merken, dass da ein fremdes Baby bei ihren Jungen lag.

Vier Wochen ließen wir das Kätzchen auf dem Bauern-hof. Ich kam es öfters besuchen, trug es herum und strei-chelte es. Als Willy und ich das Kätzchen schließlich abholen kamen, lief es sofort auf mich zu und rieb sein Köpfchen an meinem Bein.

# Witwe Wolke und Herr Willibald

Frau Wolke war seit zwanzig Jahren Witwe. Seitdem lebte sie allein mit ihren Katzen. Zur Zeit waren es vierundzwanzig. Frau Wolke hatte das nicht beabsichtigt, es hatte sich einfach so ergeben.

Vor zwanzig Jahren war ihr die erste Katze zugelaufen. Sie kam eines Tages in ihren Garten spaziert, der von einer dichten grünen Hecke umgeben war.

Die Katze blieb schließlich in dem einsamen Haus am Waldrand und leistete der Witwe Gesellschaft. Es war übrigens eine sehr schöne Katze mit sandfarbenem Fell und stahlblauen Augen. Wahrscheinlich eine wertvolle Rassekatze, die ihrem Besitzer fortgelaufen war. Frau Wolke taufte sie Miss Nelly.

Nicht viel später brachte Miss Nelly einen Begleiter mit nach Hause. Er war weder jung noch schön. Es war nur ein getigerter Feld-Wald-und-Wiesen-Kater, wie Frau Wolke zu sagen pflegte. Sie gab ihm den Namen Kater Joe.

Miss Nelly liebte Kater Joe. Und bald schon war Miss Nellys Katzenkorb zu klein, denn es purzelten fünf kuschelige Mischlings-Katzenbabys darin herum. Jedes der Katzenbabys sah anders aus, obwohl alle aus dem gleichen Wurf stammten.

Die Katzenkinder blieben im Haus, auch als sie schon längst erwachsen waren. Von Miss Nelly und Kater Joe und auch von ihren Kindern kamen danach keine kleinen Kätzchen mehr. Dafür hatte der Tierarzt gesorgt. Aber verschiedene Neuzugänge aus der Nachbarschaft hatte Frau Wolke noch zu verzeichnen.

Die dreifarbige Glückskatze Chloé brachte ihr eine Frau aus dem Ort, die in ein Altenheim musste. Dort waren Katzen nicht erwünscht.

Minimiez und Miezepeter waren zwei kleine Katzengeschwister. Ein Tierfreund hatte ihnen das Leben gerettet und sie zu Frau Wolke gebracht. Sie sollten wie die anderen Jungen aus dem Wurf ersäuft werden.

Auf diese Weise kamen im Laufe der Jahre die vierundzwanzig Katzen zusammen.

Dann aber passierte etwas Schreckliches: Frau Wolke wurde krank. Sie musste in ein Krankenhaus und wusste nicht, für wie lange. Was sollte nun mit ihren Hausgenossen geschehen?

„Ins Tierheim!", sagte der behandelnde Arzt.

„Einfach aussetzen!", riet Frau Wolkes hartherzige Schwester. Sie wohnte weit weg in einer anderen Stadt und hatte mit Katzen nichts am Hut.

Frau Wolke zermarterte sich Tag und Nacht den Kopf.

Wo sollte sie ihre Lieblinge unterbringen? Schließlich hatten sie ihr viele Jahre Gesellschaft geleistet. Sie waren ihr lieb geworden wie eigene Kinder.

Mitten in der Nacht, als sie schlaflos dalag, hatte Frau Wolke plötzlich die rettende Idee.

Früh am Morgen griff sie zu ihrem altmodischen schwarzen Telefon. Sie rief die örtliche Zeitung an und diktierte der Dame von der Anzeigenannahme folgenden Text:

*Katzenfreund gesucht!*
*Wer passt auf meine Katzen*
*auf, solange ich weg bin?*
*Eilt sehr!*

Dann gab sie noch ihre Telefonnummer an. Dass es sich um stolze vierundzwanzig Katzen handelte, hatte sie wohlweislich verschwiegen. Das wollte sie den Interessenten doch lieber persönlich erklären.

Die Anzeige erschien am nächsten Morgen. Frau Wolke saß fast den ganzen Tag neben dem Telefon, aber es wollte und wollte nicht klingeln.

Frau Wolke war verzweifelt. Es gibt eben keine Katzenfreunde mehr, dachte sie traurig. Am Abend hatte sie alle

Hoffnung aufgegeben. Da läutete plötzlich doch noch das Telefon. Es meldete sich ein Herr Willibald. Der Stimme nach war er schon älter und er klang sehr freundlich.

Er sei Pensionär, sagte er, und wäre bereit, auf Frau Wolkes Katzen aufzupassen. Er müsste aber seine eigenen fünf Katzen mitbringen. Frau Wolke war glücklich. Sie vereinbarte mit ihm für den nächsten Tag ein Treffen.

Frau Wolke tat in dieser Nacht kaum ein Auge zu. Aber als sie am nächsten Morgen Herrn Willibald traf, war sie sofort erleichtert. Er sah genauso nett aus, wie seine Stimme am Telefon geklungen hatte. Er war etwas älter als Frau Wolke und trug ein kleines graues Bärtchen. Eine seiner Katzen hatte er mitgebracht. Sie saß auf seiner Schulter und schnurrte.

Frau Wolke erklärte ihm die Situation und was alles im Haus und für die Katzen zu tun sei. Herr Willibald versicherte, dass er alles zu ihrer Zufriedenheit erledigen würde.

Am übernächsten Tag ging Frau Wolke beruhigt ins Krankenhaus. Herr Willibald besuchte sie öfters und brachte jedes Mal in einer Einkaufstasche eine andere Katze mit. Das durfte natürlich im Krankenhaus niemand wissen, denn Katzen sind dort nicht erlaubt. Schon nach vier Wochen war Frau Wolke wieder gesund und konnte nach Hause gehen.

Herr Willibald gab nach einiger Zeit seine Wohnung auf und zog mit seinen fünf Katzen ganz zu Frau Wolke. Zusammen betreuten sie die nächsten Jahre ihre neunundzwanzig Katzen. Im Laufe der Zeit kamen sogar noch einige Samtpfoten dazu.

# Sindys erster Ausflug

Drei Monate war Sindy jetzt bei den Müllers. Im Haus kannte sie sich schon perfekt aus. Nur im Garten war sie noch nie gewesen. Frau Müller verschloss immer sorgsam alle Fenster und Türen. Sie fürchtete, Sindy könnte hinauslaufen, auf einen Baum klettern und abstürzen. Oder sie könnte von den Nachbarskatern gehetzt werden. Am Ende würde sie sich zu weit vom Haus entfernen und nicht mehr heimfinden.

An einem Freitag brach Frau Müller wie immer zu ihrem wöchentlichen Großeinkauf auf. Bevor sie das Haus verließ, war sie mit ihrer Handtasche, dem Mantel, den vielen Schlüsseln und dem Einkaufszettel so beschäftigt, dass sie vergaß, die Terrassentür zu schließen.

Sie hatte kaum ihr Auto aus der Garage gefahren, da war Sindy schon im Garten. Zum ersten Mal stand sie draußen im Sonnenlicht. Wohlig spürte sie, wie die war-

men Sonnenstrahlen ihren weichen Pelz liebkosten. Sie legte sich erst mal auf die Steinplatten und streckte alle viere in die Luft. Ah, tat das gut!

Eine Zeit lang lag Sindy mit geschlossenen Augen so da und wäre fast eingeschlummert. Plötzlich raschelte etwas. Träge öffnete Sindy erst ein Auge, dann das zweite. Was war da los? Dann erhob sie sich gemächlich und schlich zur Hausecke. Von dorther schien das Rascheln zu kommen.

Eine Sekunde später hüpfte

Sindy aus dem Stand einen halben Meter in die Höhe und spreizte alle vier Beine vom Körper ab. Dabei quiekte sie fast wie ein Schweinchen. Auf der anderen Seite der Hausecke machte ein buntes Fellknäuel einen doppelten Salto rückwärts. Dabei schimpfte es aus vollem Hals „Keck, keck, keck!"

Es war ein Eichkätzchen, mit dem Sindy da an der Hausecke zusammengeprallt war. Sindy hatte noch nie so ein seltsames Tier gesehen. Es sah aus wie eine kleine rote Katze, hatte aber einen buschigen Schwanz, der größer war als der ganze Körper.

Das Eichkätzchen dagegen schien sofort zu wissen, wen es hier vor sich hatte: jemanden mit scharfen Krallen an den Pfoten, der ihm bestimmt das Leben schwer machen würde. Flugs drehte es sich um die eigene Achse und flitzte blitzschnell auf den nächsten Baum. Sindy, die sich vom ersten Schreck erholt hatte, sauste hinterher. Etwa zwei Meter klomm sie den Baumstamm empor. Dann rutschte sie ab und landete unsanft wieder auf der Erde.

Sindy stellte sich im Gras vor dem Baum auf. Schließlich musste diese seltsame Katze ja irgendwann auch wieder herunterkommen! Aber das Eichkätzchen ließ sich nicht mehr blicken. Es hatte längst einen halsbrecheri-

schen Weitsprung zum nächsten Baum getan. Dort war es im dichten Laub verschwunden.

Sindy saß noch eine Weile vor dem Baum und wartete auf den Spielkameraden mit dem buschigen Schwanz. Nach einer halben Stunde wurde es ihr zu langweilig und sie begann, den restlichen Garten zu erkunden.

Ein Goldfischteich, der mitten in der grünen Wiese lag, erregte gleich ihre Aufmerksamkeit. Rotgoldene und goldgelbe Fischlein tummelten sich dort im trüben Wasser.

Sindy stellte sich am Teichrand zwischen den Wasserpflanzen auf und hielt eine Pfote übers Wasser. Als sich ein Fisch an der Oberfläche zeigte, schlug sie nach ihm.

Der Fisch drehte jedoch unbeirrt ab und verzog sich ins tiefere Wasser. Nun tappte Sindy auf den kleinen Holzsteg, der über den Teich führte, und versuchte von dort aus, sich einen Fisch zu angeln. Sie beugte sich weit über den Stegrand hinaus, noch weiter, noch weiter, und schließlich verlor sie das Gleichgewicht und plumpste ins Wasser. Brrr, war das nass und kalt!

Nur mit Mühe gelang es Sindy, den Kopf über Wasser zu halten. Sie paddelte kräftig mit den Vorderpfoten und drehte sich im Kreis.

„Ach du liebe Güte!", rief plötzlich Frau Müller von der Garage her. Vollbepackt mit Einkaufstüten, stürmte sie in den Garten. Sie stellte die Tüten schnell auf den Gartenstühlen ab, beugte sich über den Teich und streckte ihre rechte Hand Sindy entgegen. Aber Sindy ruderte genau in der Mitte des Teichs und Frau Müller konnte sie nicht erreichen. Sie reckte und streckte sich und dabei schwankte sie und tappte mit dem rechten Fuß in den Teich. Sofort versank ihr Schuh im schlammigen Untergrund. Das Wasser reichte ihr bis zum Oberschenkel.

In diesem Moment schaute der Nachbar von Frau Müller über den Gartenzaun. Er wollte witzig sein und rief: „Versuchen Sie übers Wasser zu gehen, Frau Müller?"

Frau Müller erwiderte empört: „Machen Sie jetzt keine

Witze, Herr Weintraub, Sie sehen doch, dass meine Sindy in den Teich gefallen ist."

In wenigen Sekunden war Herr Weintraub drüben und packte Frau Müller am Arm. Er zog kräftig und holte sie aus dem Wasser heraus. Ihr rechter Schuh blieb allerdings im Schlamm stecken. Dann kniete Herr Weintraub auf dem Holzsteg nieder und befreite Sindy aus dem Wasser. Sie zitterte und miaute kläglich.

Frau Müller nahm Herrn Weintraub die klatschnasse Sindy ab und humpelte mit ihr in Richtung Haus. „Schönen Dank auch!", rief sie dem Nachbarn zu.

Sindy war nur noch ein feuchtes Häufchen Katzenelend. Vom Garten hatte sie fürs Erste die Nase voll.

Traurig blickte sie sich um. Da sah sie das Eichkätzchen auf einem Baum sitzen und schadenfroh zu ihr hinunterschauen. Na warte, dachte Sindy. Dir werde ich's schon zeigen, wenn ich größer bin.

# Minka

Da war ein unbekanntes Geräusch. Es schien aus dem Keller zu kommen. Minka hob den Kopf und stellte die Ohren auf. Sie lauschte in die Dunkelheit. Da war das Geräusch schon wieder.

Lautlos erhob sich Minka vom Sofa im Wohnzimmer, stellte sich auf ihre Samtpfoten und setzte sich in Richtung Keller in Bewegung. Die Kellertür war geschlossen. Aber unten war eindeutig jemand. Da scharrte und schlurfte, raschelte und klopfte es leise.

Minka sauste nach oben in den ersten Stock zu den Schlafzimmern. Joschi und Annette lagen bereits in ihren Betten. Ihre Eltern waren in ein Konzert gegangen.

„Du passt gut auf Joschi und Annette auf – und auf das Haus!", hatten sie zu Minka gesagt, ehe sie wegfuhren.

Herr und Frau Martl wussten, dass Siamkatzen hervorragende Aufpasser sind, fast schon wie Hunde.

Minka stellte sich vor Joschis und Annettes Tür und lauschte. Die beiden schliefen offensichtlich tief und fest. Minka maunzte ganz leise, dann hörte sie wieder auf. Sollte sie die Kinder überhaupt wecken? Besser, sie verschaffte sich erst einmal Gewissheit, was unten im Keller vorging!

Schnell lief Minka wieder nach unten und schlüpfte durch ihr Katzentürchen hinaus in den Garten und lief um das Haus herum. Ein Kellerfenster stand offen. Es war aufgebrochen. Minka linste hinein.

Zwei Männer waren gerade dabei, die Treppe hinaufzusteigen, die zu den Wohnräumen führte. „Okay, lass uns nachschauen, wo das Geld ist!", sagte der eine gerade. Er hatte rote Haare und einen Schnurrbart und trug eine Taschenlampe in der Hand. Vorsichtig ging er voraus. Der andere Mann folgte ihm.

Minka sprang durch das Kellerfenster und tapste im Dunkeln ratlos hinterher. Sie bewegte sich außerhalb des Lichtkegels der Taschenlampe, sodass die Männer sie nicht sehen konnten. Minka witterte Gefahr. Sie sauste zurück in den Garten, lief um die Hausecke herum und durch ihr Katzentürchen wieder ins Haus. Dort platzierte sie sich im Flur in einigem Abstand von der Kellertür.

Minka hörte, wie sich die Männer an der verschlossenen Tür zu schaffen machten. Erst drückten sie den Kellerschlüssel aus dem Schlüsselloch. Dann stocherte jemand mit einem Draht im Schlüsselloch herum und gleich darauf klickte die Tür auf.

Der Schein der Taschenlampe fiel in den Flur. Er beleuchtete das Telefontischchen, den Spiegel, den

Schuhschrank und den kleinen Sessel. Minka drückte sich in eine Ecke des Flurs und gab keinen Laut von sich. Die Männer gingen langsam vorwärts, leuchteten mit der Taschenlampe in die Küche und das Esszimmer und verschwanden schließlich im Wohnzimmer. Dort machten sie sich sofort an den Schubladen des großen Wohnzimmerschranks zu schaffen.

Darauf hatte Minka nur gewartet. Sie machte von hinten einen Satz auf den rothaarigen Mann zu, sprang an ihm hoch und krallte sich an seinen Kleidern fest. Dann fing sie an, laut und schrill zu kreischen, wie nur Siamkatzen es können. Ihre mandelförmigen, blauen Augen glühten, ihr Mund war weit aufgerissen und ihre scharfen Eckzähne blitzten.

Der rothaarige Mann ließ vor lauter Schreck die Taschenlampe fallen und machte zwei Schritte rückwärts.

Da stolperte er über einen Schemel und fiel der Länge nach hin.

„Au!", schrie er vor Schmerz. „Ich glaub', ich hab' mir den Knöchel verstaucht."

Der andere Mann ruderte mit den Armen in der Luft und zischte: „Aus! Aus! Geh weg, du Vieh!" Er versuchte, Minka mit der Faust auf den Kopf zu schlagen.

Minka wich aus und sprang wieselflink zu Boden. Aber sie hörte nicht auf zu kreischen. Dann sprang sie zum zweiten Mal den rothaarigen Mann an, der immer noch am Boden lag.

Der stöhnte auf und rief: „Mensch, Tom! Lass uns bloß von hier abhauen!"

Mühsam rappelte er sich hoch und wehrte mit der einen Hand die Krallenhiebe von Minkas Pfoten ab.

Tom stützte seinen Kumpel und die beiden flüchteten durch den Flur, die Kellertreppe hinunter und durch das Kellerfenster ins Freie.

Im ersten Stock gingen inzwischen die Lichter an, Türen klackten und Annette und Joschi standen in ihren Nachthemden verschlafen auf der oberen Treppe. Sie waren von dem Lärm aufgewacht und wollten nachsehen, was passiert war.

Als sie ins Wohnzimmer kamen, sah Annette sofort die herausgerissenen Schubladen.

„Hier müssen Einbrecher gewesen sein!", rief sie aufgeregt.

Minka kam den Kindern mit hoch erhobenem Schwanz entgegen.

„Hast du sie etwa vertrieben?", fragte Joschi. „Das hast du toll gemacht!"

Annette kraulte Minka am Hals und sagte leise: „Brave Minka!"

Dann ging sie zum Telefon und wählte die Nummer, die die Mutter ihr für den Notfall aufgeschrieben hatte.

# Emma, die WG-Katze

Die Wohngemeinschaft in der Münchner Ockhamstraße gab es schon ziemlich lange, seit etwa vier Jahren. Fünf Studenten teilten sich dort eine Fünfzimmerwohnung, um Geld zu sparen. In der WG war ein ständiges Kommen und Gehen. Ungefähr jedes halbe Jahr zog jemand aus und jemand anderes dafür ein.

Marion brachte eines Tages eine Katze mit in die WG. Die Katze hieß Emma. Als Marion drei Monate später zu ihrem Freund zog, ließ sie Emma einfach zurück. Marions Freund konnte nämlich Katzen nicht ausstehen.

„Ihr könnt Emma behalten!", sagte Marion zu den anderen in der WG. So, als ob Emma ein Sofa wäre oder eine Wanduhr oder eine Kaffeemaschine.

So wurde Emma eine WG-Katze. Sie gehörte allen und gehörte doch keinem, denn niemand kümmerte sich ständig um sie. Sie wurde mal von diesem, mal von jenem gestreichelt und mal von diesem, mal von jenem gefüttert – oder auch nicht, wenn keiner da war.

Als die dicke Susanne in der WG lebte, hatte es Emma gut. Sie bekam immer Futter aus der Dose und hatte sogar ein eigenes Katzenkörbchen. Dann ging Susanne nach Frankreich. Natürlich konnte sie Emma nicht mitnehmen.

Lukas kaufte für Emma eine Hundeleine und ging öfter mit ihr im Englischen Garten spazieren. Aber Lukas wurde bald Vater von Zwillingen und hatte für Emma keine Zeit mehr.

Im Zimmer von Karolin und Olli fand es Emma auch ganz schön, aber wenn sich die beiden stritten, musste sie immer in den Hausflur flüchten.

Ganz schlimm war es, wenn Feste stattfanden. Da kamen so viele Leute, dass Emma im Laufe des Abends einige Tritte abbekam. Kinder zogen sie am Schwanz und an den Ohren. Und einmal gab ihr jemand in einem Schüsselchen Bowle zu trinken. Emma wachte danach zwölf Stunden lang nicht mehr auf.

Es gab aber auch viele Partygäste, die Emma streichel-

ten und kraulten. Emma mochte das nicht besonders, weil sie sich dabei wie ein Plüschtier vorkam, das von Hand zu Hand weitergereicht wurde.

Mit der Zeit wurde Emma einsam, obwohl sie mitten unter Menschen lebte. Und sie wurde richtig ekelhaft: Sie ließ sich nicht mehr anfassen. Jeder, der es versuchte, machte mit ihren scharfen Krallen Bekanntschaft. Sogar jeden, der nur in ihre Nähe kam, fauchte sie böse an.

Emma verkroch sich immer mehr. Tagsüber war sie fast überhaupt nicht mehr zu sehen. Meistens kam sie nachts aus ihrem Versteck. Dann schnappte sie sich ein paar Brocken Futter, wenn etwas auf ihrem Tellerchen lag. Wenn nicht, dann leckte sie das ungespülte Geschirr ab oder stellte den Mülleimer auf den Kopf.

Was die WG-Bewohner morgens außer dem umgekippten Müll noch fanden, waren Emmas Häufchen, die sie überall in die Wohnung setzte. Denn Emma war auf einmal nicht mehr stubenrein.

Doch das war noch nicht das Schlimmste.

Emma hatte ihr Katzenlager im Hausflur auf dem obersten Regalbrett aufgeschlagen, direkt schräg gegenüber der Eingangstür. Dort kauerte sie den ganzen Tag im Halbdunkel und lauerte. Sie wartete darauf, dass die Tür aufging. Sobald das geschah, machte Emma einen Satz und sprang jeden, der gerade hereinkam, von oben an. Meistens landete sie auf dessen Kopf, Nacken oder Schultern. Dort schlug sie um sich, biss und kratzte und fauchte wie ein Feuer speiender Drache.

Emma hatte sich von einer lieben Hauskatze zur echten Problemkatze entwickelt.

Eines Abends setzten sich alle fünf derzeitigen Bewohner der WG zusammen und beratschlagten, was mit Emma geschehen sollte. So konnte es nicht mehr weitergehen, da waren sie sich einig.

Jemand schlug vor, Emma an tierliebe Menschen zu geben. Aber wer wollte schon ein kleines Monster haben?

Von Aussetzen, Tierheim und sogar von Einschläfern war die Rede. Schöne Lösungen waren das nicht.

Schließlich meldete sich Laura, die Medizin studierte, zu Wort. Laura wollte am nächsten Ersten in eine eigene Wohnung ziehen, eine schöne, geräumige Altbauwohnung. Sie erklärte sich bereit, Emma zu sich zu nehmen. Die anderen wunderten sich, denn Laura hatte sich nie besonders um Emma gekümmert. Aber Laura bestand auf ihrem Entschluss. Sie wollte nicht, dass Emma in ein Tierheim kam.

Zwei Wochen später zog Laura um und nahm Emma mit. Um Emma einzufangen, musste sie gepolsterte Handschuhe anziehen, um sich vor den Krallen der Katze zu schützen.

Als die WG-Bewohner Laura nach zwei Monaten in ihrer neuen Wohnung besuchten, erkannten sie Emma kaum wieder. Sie war eine richtig manierliche Hauskatze geworden. Laura erzählte, dass Emma wieder ihr Katzenklo benutzte und tagsüber meistens in ihrem Körbchen schlief. Emma ließ sich sogar von Lauras Freunden streicheln.

Nur wenn jemand zu Besuch kam, den sie nicht kannte, konnte es noch ab und zu vorkommen, dass Emma ihn anfauchte und ihm einen raschen Hieb mit der Pfote versetzte.

# Die schöne Miou

Miou zerrte an der Leine. Sie wollte der aufdringlichen Bauernkatze hinterher, die wieder einmal dicht vor ihrer Nasenspitze vorbeigesaust war. Miou ärgerte sich. Aber da war nichts zu machen. Mious Halsband lag eng an, ein Hinausschlüpfen mit dem Kopf war unmöglich. Und die Leine, die am Halsband befestigt war, wurde nicht einen Zentimeter länger, so heftig Miou auch daran zog.

Die Leine war an einem Eisenring in der Hauswand festgemacht. Sie war lang, etwa zehn Meter. Aber was waren für eine Katze schon zehn Meter?

„Ich will hinauslaufen!", dachte Miou, „in den Wald, über die Wiesen und dieser frechen Katze zeigen, wer hier das Sagen hat!"

Miou konnte nicht begreifen, warum ihr Frauchen ständig auf sie aufpassen wollte. Nie durfte sie sich schmutzig machen, nie mit anderen Katzen raufen. Oft, wenn ihr Frauchen Gäste hatte, schnappte Miou Wörter wie „Stammbaum" und „Rassekatze" oder „Katzenschönheit" auf. Dann wurde sie von allen Seiten angestarrt und gestreichelt – aber nur ganz zart, damit ja nichts von ihrer Schönheit verlorenging.

„Ich pfeif' auf die Schönheit", dachte Miou, „wenn ich dafür mein Leben lang angekettet bin!"

Miou hatte eine richtige Ahnentafel. Darauf war genau verzeichnet, dass alle ihre Vorfahren reinrassige Perserkatzen gewesen waren: alle schneeweiß mit stahlblauen Augen. Miou hatte auch einen erlesenen Namen. Er lautete Miou von Anjou-Tactel.

Miou war ein Geschenk von Herrn Rosendörfer an seine Frau zum zehnten Hochzeitstag. Ein Züchter in der Nachbarschaft hatte relativ preiswert kleine Perserkatzen

angeboten. Als Herr Rosendörfer die schöne Miou und ihre Ahnentafel sah, machte er den Handel schnell perfekt.

Frau Rosendörfer hatte Miou kaum gesehen, da träumte sie schon davon, eine eigene Katzenzucht aufzumachen. An Mious Wünsche dachte sie dabei überhaupt nicht. Mious Junge sollten später einmal für teures Geld verkauft werden. Dazu musste Miou aber erst auf einer Katzenausstellung einen Preis gewinnen.

Miou bekam immer nur feinstes Essen vorgesetzt: Leber, Gehacktes, Hühnerbrüstchen und sogar Rinderfilet, von dem hundert Gramm zwei Euro kosteten. Denn für die Katzenausstellung sollte sie in Hochform sein. Jeden Tag bürstete Frau Rosendörfer Mious Langhaarfell mit einer weichen Bürste, damit es schön seidig glänzte.

Eigentlich konnte sich Miou also nicht beklagen. Trotzdem war sie mit ihrem Leben unzufrieden. Abends, bevor sie von der Leine befreit und in ihr Körbchen getragen wurde, dachte sie jedes Mal: „Ach, wär' ich doch eine ganz normale Katze ohne Stammbaum!"

Der Tag der Ausstellung kam immer näher. Kurz vor dem großen Ereignis wurde Miou noch einmal vom Tierarzt untersucht. Der bescheinigte, dass Miou absolut gesund und in Topform sei.

„Viel Glück!", wünschte er Miou zum Abschied und gab ihr einen sanften Klaps.

„Glück wozu?", fragte sich Miou. Sie verstand nicht recht, was die ganze Aufregung um sie herum eigentlich sollte.

Dann war es soweit. An einem Samstagmorgen wurde Miou in aller Frühe geweckt. Sie war noch ziemlich verschlafen, als sie ihr Frühstück – Hühnerleber und Rinderfilet mit Vitaminflocken – bekam. Anschließend bürstete Frau Rosendörfer eine halbe Stunde lang ihr Fell, damit es gut fiel. Danach legte sie Miou in ihren bequemen Tragekorb mit dem rosaroten Samtkissen.

Frau Rosendörfer war sehr aufgeregt. Schließlich hing es vom heutigen Erfolg ab, ob sie eine große Katzenzüchterin werden würde oder nicht. Punkt Viertel nach sieben

packte sie den Katzenkorb ins Auto, winkte ihrem Mann noch einmal zu und fuhr los.

Miou schaute verdutzt aus dem ungewohnten Korb. Nach einer Weile legte sie sich auf ihr Samtkissen und schlief wieder ein.

Auf der großen Wiese vor der Stadthalle, wo sonst die Musikveranstaltungen und Volksfeste stattfanden, ging es schon zu wie kurz vor einem Rockkonzert. Der Parkplatz war bereits fast voll. Frau Rosendörfer bekam gerade noch in der vorletzten Reihe einen Platz.

Vorsichtig hob sie den Tragekorb aus dem Wagen. Miou ließ sich dadurch nicht aus der Ruhe bringen. Sie räkelte sich auf dem rosa Samtkissen und beobachtete gelassen aus halb geöffneten Augen durch das Gittertürchen, was um sie herum vor sich ging.

Und was es da alles zu sehen gab! Menschen hoben aus ihren Autos lauter Käfige. In jedem Käfig thronte eine andere edle Zuchtkatze.

„Ziemlich merkwürdig sehen die aus", dachte Miou.

Da gab es Perserkatzen mit einem blauen und einem orangefarbenen Auge. In anderen Käfigen saßen Siamkatzen mit stahlblauen Augen. Miou hörte sie schon von weitem, denn sie gaben schrille, durchdringende Schreie von sich. Da waren Katzen aus Schottland mit Hängeoh-

ren und solche, die nur im Gesicht ein samtiges Fell hatten und am übrigen Körper nackt waren. Sogar eine Katze, die keinen Schwanz hatte, war dabei.

Miou wollte sich gerade wieder aufs Ohr legen, da wurde sie gestört. Frau Rosendörfer nahm aus dem Kofferraum ihres Wagens einen Ausstellungskäfig. Die drei hinteren Käfigwände waren mit rosa Damast verkleidet, sodass man das Katzenklo im rückwärtigen Teil nicht sah. Im Innern war der Käfig mit einem rosa Kissen ausgepolstert. Da hinein sollte Miou jetzt umziehen.

Das passte ihr gar nicht. Im Tragekorb war es kuschelig dunkel und warm gewesen. Der Käfig dagegen hatte an der ganzen Vorderfront nur dünne Gitterstäbe aus Metall und jeder konnte reinschauen. Miou maunzte empört. Sie ließ sich erst beruhigen, nachdem Frau Rosendörfer sie ausgiebig gestreichelt hatte.

Wenig später standen Miou und ihr Frauchen in einer langen Schlange. Als sie an die Reihe kamen, musste Frau Rosendörfer Mious Ahnentafel und das Gesundheitszeugnis vorlegen, das ihr der Tierarzt mitgegeben hatte. Anschließend durfte sie durchgehen in die große Ausstellungshalle.

Dort waren ein solches Gedränge und ein solcher Lärm, dass Miou ganz unruhig wurde. Jetzt fauchte sie

auch noch ein Siamkater aus dem Nachbarkäfig giftig an.

„Sei brav, Sultan!", versuchte ihn sein Besitzer zu besänftigen.

„Alberner Name, der passt zu dem Kater!", dachte Miou. Vor Ärger sträubten sich ihre Nackenhaare. Dadurch sah sie gleich weniger schön aus als sonst.

Da kam auch schon ein junger Mann und fragte: „Ist das die Nummer zweihundertneununddreißig? Perserkatze weiß, mit blauen Augen, sechs Monate alt?"

„Ja!", rief Frau Rosendörfer und nickte.

Der Mann hob den Käfig vom Podest und trug ihn davon. Miou war es gar nicht wohl in dem schwankenden Kasten. Sie krallte sich an ihrem Kissen fest und legte ihre Ohren an. „Was soll das nun wieder?", dachte sie. Da kam der Käfig unsanft auf. Der Mann griff hinein, packte Miou am Nackenfell und setzte sie auf einen harten Tisch.

Eine Frau im weißen Kittel hielt Miou an den Vorderbeinen fest und betrachtete sie durch eine Brille. „Weiß mit blauen Augen. Die sind oft taub!", rief sie. „Machen wir den Gehörtest!" Sie klopfte mit einem Stöckchen auf den Tisch. Miou zuckte. „Nicht taub!", schrie die Frau.

„Natürlich bin ich nicht taub!", knurrte Miou. „Ich hör' sogar alles sehr genau!"

Jetzt wurde sie von Kopf bis Fuß abgemessen, befühlt, beklopft und begutachtet. Miou war so verblüfft über die Dinge, die man mit ihr anstellte, dass sie alles über sich ergehen ließ.

Die Frau im weißen Kittel redete ununterbrochen. Miou hörte Worte wie „untersetzter Körper" und „dicke und kurze Beine". Im Telegrammstil ging es weiter:

„Nase: rosa, Augen: groß und rund, Ohren: klein, Schwanz: buschig, Fell: lang, dicht und seidig." Dann wiederholte die Frau dauernd das Wort „Nase".

„Wie lange dauert das denn noch?", dachte Miou. Sie hatte genug von dem ganzen Theater. Endlich wurde sie wieder in den Käfig gesetzt. Der Mann nahm ein gelbes Blatt Papier in die Hand und brachte Miou zurück in den Ausstellungsraum. Er stellte den Käfig vor Frau Rosendörfer hin, drückte ihr das Blatt in die Hand und sagte: „Bedaure!"

„Sie bedauern was?", fragte Frau Rosendörfer. Dann sah sie das Blatt genauer an. Miou wunderte sich, dass ihr Frauchen plötzlich blass im Gesicht wurde.

„Disqualifiziert!", rief Frau Rosendörfer ganz aufgeregt. „Das heißt, aber das heißt ja ...", stammelte sie.

„Vom Wettbewerb ausgeschlossen!", ergänzte der Mann höflich. „Bei einer Perserkatze darf die Nasenspitze nicht weiter vorstehen als das Unterlid des Auges! Das heißt, dass die Nase Ihrer Katze zu groß ist!"

„Das darf doch nicht wahr sein!", rief Frau Rosendörfer.

„Leider doch, die Bestimmungen sind hier so streng!", entgegnete der Mann. „Wenn Ihre Katze die Voraussetzungen nicht erfüllt, wird sie vom Wettbewerb ausgeschlossen!"

„Von wegen Rassekatze!", murmelte Frau Rosendörfer. Sie wollte nicht wahrhaben, dass all ihre Hoffnungen auf eine eigene Katzenzucht zerstört waren.

Entschlossen riss Frau Rosendörfer Mious Käfig hoch und schleppte ihn aus der Halle hinaus zum Auto. Dort griff sie in den Käfig, packte Miou unsanft am Nackenfell und zerrte sie ungeduldig in den Tragekorb.

Miou miaute empört. So hatte sie außer ihrer eigenen Katzenmutter noch niemand angefasst!

„Wenn du keine Rassekatze bist", sagte Frau Rosen-

dörfer zu Miou, „dann muss man dich auch nicht behandeln wie eine Diva!"

Dann stellte sie den Katzenkorb ins Auto, stieg ein und fuhr so heftig los, dass eine dicke Staubwolke vom Boden aufwirbelte.

Zu Hause nahm Frau Rosendörfer den Katzenkorb aus dem Auto und trug ihn in den Garten. Sie öffnete die Gittertür und sagte mit einer Stimme, die schon etwas freundlicher klang: „Nun lauf schon, geh spielen!"

Das ließ sich Miou nicht zweimal sagen. Probeweise trippelte sie einige Schritte auf den Rasen. Endlich bin ich diese blöde Leine los, dachte sie.

Da kam plötzlich die Bauernkatze angesaust.

Gespannt blieb Miou stehen und ließ sie ganz nah an sich herankommen. Und auf einmal sprang sie in die Höhe und fauchte, so laut sie nur konnte. Die Bauernkatze war so erschrocken, dass sie sofort über den Zaun sprang und auf den nächsten Baum flüchtete.

Miou machte stolz kehrt und schaute triumphierend über die Wiese bis hinüber zum Waldrand. Das war jetzt endlich ihr Revier und keine fremde Katze würde mehr ohne ihre Erlaubnis hier frei herumspazieren!

# Heimlichkeiten

Als Kathi von der Schule heimkam, war Mama noch nicht da. Kathi schleuderte ihre Schultasche vor die Haustür und lief zur Terrasse. Dort nahm sie aus einer Schachtel eine Hand voll Fischfutter und warf es im hohen Bogen in den Fischweiher. Es war lustig zuzusehen, wie die Fische gierig danach schnappten. Dann schaukelte Kathi eine Weile und danach kletterte sie auf den Apfelbaum.

Mama war immer noch nicht da. Kathi wurde es langsam langweilig. Weil ihr nichts anderes einfiel, schlenderte sie schließlich zum Holzschuppen, der ganz am Ende vom Grundstück lag. Er war fast völlig hinter grünen Holundersträuchern verborgen. Dicke Dolden von glänzenden schwarzen Beeren hingen über dem kleinen Fenster, das seit langem zerbrochen war.

Die Tür war nur angelehnt. Sie quietschte, als Kathi sie aufstieß. Der Schuppen war voller Gerümpel, das sich im Laufe der Jahre so angesammelt hatte. In der hintersten Ecke thronte ein ausrangiertes dunkelrotes Samtsofa mit verschnörkelten Füßen, von dem sich Mama nicht hatte trennen können. Vorne standen zwei Gartenstühle, die Werkzeugkiste und ein alter Schubkarren.

Kathi wollte schon wieder gehen, da hörte sie plötzlich etwas. Es war ein leises, hohes Fiepen.

„Wahrscheinlich eine Maus", dachte Kathi. In dem Dorf, wo sie wohnte, gab es öfters Mäuse. Eine Zeit lang hatten sie sogar eine Maus in der Küche gehabt. Bis Kicker, der Kater, sie geschnappt hatte.

Neugierig spähte Kathi in den hinteren Teil des Schuppens und machte zwei tastende Schritte vorwärts. Da hörte sie das Fiepen wieder. Leise zwar, aber dennoch deutlich zu hören. Es kam vom roten Sofa. Kathi beugte

sich über die Sofalehne und entdeckte dahinter auf einem alten Kopfkissen am Boden eine grauweiße Katze. Um ihren Bauch herum wuselten mehrere winzige, fellige Katzenbabys. Die Babys tranken gerade. Eines der Jungen war vom Kissen heruntergefallen. Es lag auf dem harten Holzboden und fiepte kläglich.

Kathis Herz klopfte schneller. Die Katzenmutter sah Kathi mit großen Augen an und säugte dann in aller Ruhe weiter ihre Jungen. Kathi ging behutsam in die Knie, nahm sanft das Junge, das vom Kissen gefallen war und legte es zu den anderen.

Das Katzenbaby fand sofort eine freie Zitze und begann daran zu nuckeln.

Während Kathi die Katzenfamilie beobachtete, überlegte sie, wem die Mutter wohl gehören könnte. Ihr fiel niemand ein. Und sie kannte eigentlich alle Katzen im Dorf.

Es gab hier ja nur sieben Bauernhöfe, einen Wirt, die Kirche, den kleinen Friedhof und die alte Schmiede, in der sie und ihre Eltern wohnten.

„Die Katze muss aus einem der Nachbardörfer sein", dachte Kathi. Oder es war eine halbwilde Katze. Kathi wusste, dass es auf den Bauernhöfen manchmal Katzen gab, die regelmäßig am Abend, wenn gemolken wurde, zum Fressen kamen. Ansonsten lebten diese Katzen draußen im Wald und auf den Feldern. Nur wenn es sehr kalt war, kamen sie auch nachts und schliefen in den Scheunen.

„Kathi!", rief da jemand ungeduldig. „Kathi, wo bist du denn schon wieder?" Das war Mama. Kathi lief schnell aus dem Schuppen und drückte die Tür hinter sich zu. Dabei beschloss sie, nichts von ihrer Entdeckung zu erzählen. Erst einmal musste sie in Ruhe darüber nachdenken, was sie jetzt tun sollte.

Am Nachmittag kam Kathis Schulfreundin Theresia, die nebenan auf dem Ernsthof wohnte. Endlich konnte Kathi die Neuigkeit loswerden. Die beiden gingen zusammen zum Schuppen. Bevor sie die Tür öffneten, sahen sie, wie die Katzenmutter gerade durch die offene Fensterluke ins Freie schlüpfte.

„Klar", sagte Kathi. „Sie holt sich was zu fressen."

„Oder sie muss mal", meinte Theresia. Dann gingen sie hinein zu den Katzenbabys, die jetzt eng aneinander gekuschelt auf dem Kissen lagen und schliefen. Es waren fünf: zwei pechschwarze, zwei grauweiße und eine graue.

„Sind die niedlich!", rief Theresia. „Am liebsten würde ich alle zugleich streicheln und auf den Arm nehmen."

„Mir geht's genauso", sagte Kathi und strahlte über das ganze Gesicht.

Irgendwann rissen sich die beiden dann doch von den Kätzchen los und setzten sich auf die Holzbank vor dem Schuppen.

„Was hältst du davon, wenn ich es meinen Eltern erzähle?", meinte Kathi nach einer Weile. „Vielleicht darf ich die Kätzchen ja behalten!"

Theresia schüttelte den Kopf. „Das glaube ich nicht. Fünf Kätzchen sind einfach zu viel. Und wir haben selbst schon genug. Onkel Konrad hat sogar gesagt, wir haben eine richtige Katzenplage im Dorf. Er sagt, man sollte alle Katzen sterilisieren und die Jungen, die noch zur Welt kommen, töten."

Kathi wurde ganz weiß im Gesicht. Das konnte sie nicht zulassen. Die Freundinnen überlegten.

„Am besten weihen wir ein paar Kinder im Dorf ein, von

denen wir wissen, dass sie dichthalten", schlug Theresia vor.

Kathi war sofort einverstanden.

In den nächsten Wochen fanden sich die Nachbarskinder auffallend oft in der alten Schmiede ein, um mit Kathi zu spielen. Und am liebsten tollten sie im Garten in der Nähe des Schuppens herum. Jedes Kind brachte von zu Hause für die Katzenmutter etwas zu fressen mit. Einmal hatte Severin zwei Frikadellen in der Hosentasche. Ein andermal schleppte Matthias ein Viertel Hähnchen an. Josefine kam mit einem halben Schnitzel und Theresia mit Würstchen, die sie beim Essen vom Teller genommen und in ein Taschentuch gewickelt hatte. Die Katzenmutter fraß alles ratzeputz auf. Gut, dass die Katzenkinder vorerst nur Milch tranken!

Täglich schauten Kathi und ihre Freunde am Schuppen vorbei, um zu sehen, wie die Kätzchen sich entwickelten. Nach drei Wochen purzelten sie schon munter im Schuppen herum, liefen Wollfäden nach, die die Kinder vor ihnen herzogen, und konnten mit ihren ersten Milchzähnchen sogar schon kräftig zwicken.

Die Erwachsenen erfuhren natürlich kein Sterbenswörtchen von dem lebendigen Schatz im Garten. Nur Kathis Mutter begann sich zu wundern, wie bereitwillig Kathi in letzter Zeit Dinge aus dem Schuppen holte: einen Hammer, die Beißzange oder den Apfelkorb. Kathis Mutter wunderte sich auch, dass in letzter Zeit so viele Kinder vorbeischauten. Und dass sie alle immer im Schuppen verschwanden.

Eines Tages erfuhr sie den Grund. Es war am Vormittag. Sie stand gerade auf der Leiter und pflückte Äpfel vom Baum, als sie durch das kaputte Fenster des Schuppens eine grauweiße Katze in den Garten springen sah.

„Na, so was", murmelte sie. „Wir müssen doch einmal eine neue Scheibe einsetzen.

Gleich darauf hüpfte ein kleines wolliges Kätzchen aus dem Fenster, dann noch eins und noch eins und noch zwei. Kathis Mutter war sprachlos. Die Katzenmutter führte ihre Jungen zu einem Blumenbeet, wo sie ihr Geschäft

verrichtete. Anschließend vergrub sie säuberlich ihr Häufchen in der Erde. Die Kleinen schauten neugierig zu und begannen ebenfalls übermütig in der Erde zu buddeln.

„Aha, die Kleinen bekommen jetzt Anschauungsunterricht, wie man aufs Töpfchen geht", dachte Kathis Mutter amüsiert. Vorsichtig stieg sie von der Leiter herunter. Jetzt fiel ihr wieder ein, wie oft die Kinder in letzter Zeit im Schuppen waren. Da wurde ihr einiges klar.

Als Kathi aus der Schule kam, traute sie kaum ihren Augen: Mitten auf der Terrasse balgten sich die fünf kleinen Kätzchen während ihre Katzenmama sich in der Sonne räkelte und mit Kicker, dem Kater, flirtete.

Kathi stürzte in die Küche. „Wer hat die Katzen gefunden?", rief sie aufgeregt. „Was soll mit ihnen geschehen?"

„Erst einmal bleiben sie hier, bis sie noch ein bisschen gewachsen sind", antwortete Mama. „Und dann werden wir für jede von ihnen ein schönes Zuhause suchen. Was dachtest du denn?"

„Och, nichts", meinte Kathi und drehte sich um. „Sie werden auch ganz bestimmt nicht getötet?", fragte sie nach einer Weile.

„Wie kommst du auf die Idee?", fragte Mama zurück.

„Nur so!", sagte Kathi und lief zurück auf die Terrasse.

# Der Fallschirmspringer

Ein lauter Knall riss Patrick aus dem Schlaf. Er setzte sich im Bett auf und versuchte, mit den Augen die Dunkelheit zu durchdringen. Irgendwo im Haus musste etwas explodiert sein.

Auch Mori, Patricks kleiner Kater, war wach. Er tippelte unruhig im Zimmer vor der geschlossenen Tür auf und ab und wollte hinausgelassen werden.

Patrick machte die Nachttischlampe an, schaute sich im Zimmer um und horchte nach draußen. Weiter oben im Haus lief jemand aufgeregt durchs Treppenhaus. Ein Mann schrie: „Aufwachen, bei Steinbeiß brennt es!"

„O Gott!", dachte Patrick, „das ist ja nebenan!" Er schoss aus dem Bett und lief barfuß zur Tür. Als er sie öffnete, schlug ihm Rauch ins Gesicht. Der gesamte Hausflur war bereits verqualmt. Patrick hustete. Er machte die Tür schnell wieder zu und lief zum Fenster. Vorsichtig beugte er sich hinaus und sah, dass aus den Fenstern der Nachbarwohnung helle Flammen loderten. Da bekam er große Angst.

„Wie kommen wir hier bloß raus?", stammelte Patrick und sah Mori verzweifelt an. Durch die Ritzen der Tür drang der Rauch schon ins Zimmer.

Mori hüpfte auf das Fensterbrett und schaute auf den Gehsteig hinunter. Einen Moment lang sah es so aus, als wollte er in die Tiefe springen. Aber fünf Stockwerke waren ihm wohl dann doch zu viel und er kam, ganz jämmerlich maunzend, zurück ins rauchige Zimmer.

Patrick lehnte sich weit aus dem Fenster und schrie, so laut er konnte: „Hilfe! Hilfe!"

Aber in der allgemeinen Aufregung hörte ihn niemand.

Unten wurden Möbel aus dem Haus getragen. Männer

in Schlafanzügen und Frauen in Morgenröcken bevölkerten den Gehsteig vor dem Haus. Patrick entdeckte auch einige verschlafene Kinder, die er kannte. In der Ferne hörte man die Sirenen der Feuerwehrautos.

Wenn Papa bloß zu Hause wäre, dachte Patrick und eine dicke Träne kullerte über sein Gesicht. Papa wusste immer einen Ausweg. Würde er hier mit Mori in den Flammen sterben müssen?

„Armer Mori!", flüsterte Patrick. „Was machen wir jetzt?"

Plötzlich fiel ihm etwas ein, womit er Mori retten und gleichzeitig auf sich aufmerksam machen konnte. Er stürzte sich auf die große Spielzeugkiste in der Ecke und durchwühlte sie bis auf den Grund. Von ganz unten fischte er einen blauweiß karierten Fallschirm heraus, an dessen Schnüren eine bekleidete Holzpuppe hing. Patrick hatte ihn zu seinem neunten Geburtstag bekommen. Das war vor zwei Jahren gewesen.

Patrick erinnerte sich daran, dass er die Holzpuppe früher oft aus dem fünften Stock auf die Straße segeln ließ. Sie war jedes Mal wohlbehalten unten am Boden angekommen.

„Das müsste klappen", dachte Patrick, „denn Mori ist noch klein und nicht viel schwerer als die Puppe."

In Windeseile löste er die Holzpuppe aus den Schnüren des Fallschirms. Dann band er die Schnüre um Moris Bauch. Dem Kater behagte das nicht besonders, aber er ließ es mit sich geschehen.

Als der Fallschirm richtig festsaß, packte Patrick Mori, drückte ihn an sich und warf ihn kurzerhand aus dem Fenster.

Mori miaute laut, als er in die Tiefe stürzte. Doch bereits auf der Höhe des vierten Stockwerks öffnete sich der Fall-

schirm. Ruckartig spannten sich die Schnüre um Moris Bauch. Patrick, der von oben zusah, atmete erleichtert auf. Wie von Zauberhand getragen, schwebte der Kater zu Boden, wo er mit einem Katzenbuckel einigermaßen sanft landete.

Die aufgeregten Menschen unten hatten beobachtet, wie Mori mit dem Fallschirm von oben herabgesegelt kam. Sie schauten hinauf und entdeckten Patrick, der von seinem Fenster aus heftig winkte.

„Da ist noch ein Junge in der Wohnung!", schrie jemand. Im selben Moment brach das Sirenengeheul ab und fünf Feuerwehrautos bogen um die Ecke. Mit quietschenden Bremsen hielten sie vor dem brennenden Haus.

Die Feuerwehrmänner sprangen aus den Autos. Sofort zeigten die Leute auf dem Gehsteig nach oben zu Patrick. Da fuhr auch schon von einem der Feuerwehrautos die lange Drehleiter in die Höhe. Sie reichte genau bis zu Patricks Fenster im fünften Stock.

77

Ein Feuerwehrmann stieg die Drehleiter hoch bis zum Fenster. Er nahm Patrick huckepack und trug ihn die Leiter hinunter. Als Patrick wieder festen Boden unter den Füßen spürte, merkte er, dass seine Beine ganz schwach waren und zitterten.

Auf dem Gehsteig klatschten die Leute. Sie freuten sich, dass Patrick in Sicherheit war. Die anderen Bewohner des Hauses hatten sich alle noch über die Treppe ins Freie retten können.

Der Feuerwehrmann wollte wissen, ob noch jemand in Patricks Wohnung sei. Patrick schüttelte den Kopf. Er war immer noch ganz benommen.

Als Patrick sich wieder etwas gefasst hatte, hielt er sofort nach Mori Ausschau. Er fand ihn nicht gleich, denn eine Gruppe Menschen stand um ihn herum. Patrick drängelte sich vor und sah, was die Leute so fesselte: Mori drehte sich wie ein Kreisel um die eigene Achse und versuchte vergeblich, den blauweißen Fallschirm loszuwerden, den er immer noch hinter sich herschleppte.

Patrick befreite Mori von den Schnüren und von seinem Anhängsel. Dabei flüsterte er ihm ins Ohr:

„Du bist ein prima Fallschirmspringer, weißt du das?" Mori schnurrte und schmiegte sich ganz eng an Patricks Beine.

# Schiff ahoi!

Schogun war ein junger Kater, gerade elf Monate alt. Er lebte bei Hein Hansen, einem alten Seemann, in einem Haus aus roten Backsteinziegeln. Das Haus war ein Heim für ehemalige Seeleute und stand ganz in der Nähe des Hamburger Hafens. Immer wenn Hein Hansen die Fenster öffnete, hörte Schogun die Nebelhörner der Überseeschiffe.

Schogun war sehr unternehmungslustig und neugierig. Täglich beschnupperte er die Erinnerungsstücke, die Hein

Hansen von seinen Seereisen mitgebracht hatte: die eiserne Schiffslaterne und das verstaubte Flaschenschiff auf dem Schrank, die schwarze Seemannskiste am Boden in der Ecke und die rote Korallenstaude in der chinesischen Vase vor dem Fenster.

Draußen war Schogun noch nie gewesen. Hein Hansen hatte Angst, sein Kater könnte sich im Gewimmel des Hafenviertels verlaufen.

Eines Tages ging Hein Hansen in den *Goldenen Anker* zum Essen und vergaß, das Fenster zu schließen. Da

sprang Schogun einfach vom Fensterbrett auf eine der Mülltonnen im Hof. Er wollte endlich einmal über die Hofmauer schauen. Aber die Mülltonne stand zu tief. Sosehr er sich auch streckte, Schogun konnte nichts sehen. Er

zögerte kurz, dann machte er einen eleganten Satz von der Mülltonne herunter, überquerte den Hof, schlüpfte unter dem schmiedeeisernen Gartentor hindurch und war auf der Straße.

Dort blieb Schogun erst einmal wie angewurzelt stehen. Lastwagen und Autobusse donnerten an ihm vorbei. Hunderte von Fußgängern hasteten vorüber und Schogun hatte seine liebe Not, all den Stiefeln und Schuhen auszuweichen. Einmal musste er blitzschnell zur Seite springen, sonst hätte ihn ein dunkelgrüner Lieferwagen glatt überfahren. Langsam setzte sich Schogun in Bewegung und lief die Straße entlang. Als er um ein stattliches Lagerhaus aus Holz herumgekommen war, sah er plötzlich vor sich den Hafen.

Eine leichte Brise wehte vom Meer herein. Es roch nach Fisch und Öl. Begeistert schaute Schogun über die weitläufigen Anlagen. Schiffe dümpelten im Flachwasser. Manche wurden gerade mit riesigen Kränen beladen, andere entladen. In der Ferne glitzerte das unendliche Meer.

Gleich in der Nähe, wo Schogun stand, lag ein Fischkutter vor Anker. Die Taue, mit denen der Kutter an der Kaimauer festgemacht war, knarrten bei jedem Wellengang. Schogun trippelte neugierig auf ihn zu. Er zögerte

kurz, dann balancierte er geschickt über eine der Befesti-
gungsleinen bis zur Bordkante und sprang an Deck.

Dort war alles still. Keine Menschenseele war zu
sehen. Man hörte nur das Plätschern der Wellen, das
leise Knarren der Taue und das Säuseln des Windes in
den Masten.

Schogun schlich zu einem der Kajütenfenster. Es war
offen und schlug bei jedem Schaukeln des Schiffes mit
einem leisen Klack! an seinen Rahmen. Schogun lugte ins
Innere der Kajüte und mit einem Satz war er drinnen. In
diesem Moment schoss eine gefleckte Schiffskatze aus
der Kajütenecke hervor. Sie fauchte und baute sich drohend direkt vor Schogun auf. Wütend peitschte sie mit
dem Schwanz auf den Boden.

Schogun rührte sich nicht von der Stelle. Er stand in der dämmrigen Kajüte und tat keinen Mucks. Er wirkte offenbar so verängstigt, dass sich die Schiffskatze langsam beruhigte. Sie ging um Schogun herum und inspizierte ihn von allen Seiten.

Ein Weilchen standen sich die beiden Katzen regungslos gegenüber. Schließlich unternahm Schogun einen schüchternen Annäherungsversuch. Er streckte seine Nase der Schiffskatze entgegen und miaute zweimal zur Begrüßung. Darauf kam die Schiffskatze ganz nah heran und stupste Schogun mit der Nase an. Das war das Zeichen, dass sie ihn auf dem Schiff willkommen hieß.

Die Schiffskatze war viel größer als Schogun und auch älter. Schogun war heilfroh, ohne Prügel davongekommen zu sein.

Ein Poltern an Deck ließ die beiden Katzen zusammenzucken. Der Klang schwerer Schritte hallte durch den Schiffsrumpf.

„Lass uns vor der Flut noch auslaufen!", brüllte ein Mann.

„Wirf den Motor an!", rief ein anderer. Kurz darauf hörte man ein lautes Knattern, die Leinen wurden an Deck geworfen und das Schiff setzte sich in Bewegung.

Dann rief wieder jemand: „Nur ein Stück die Elbe runter,

in drei, vier Stunden sind wir wieder da!"

Schogun spürte, wie der Kajütenboden zu schwanken begann. Sein Herz klopfte heftig vor Aufregung.

Jetzt trampelten zwei Männer die Holztreppe zur Kajüte herab. Die Tür flog auf und sie kamen herein. Der erste entdeckte sofort die beiden Katzen und fragte verwundert: „Was ist denn das da? Unser Silvester hat wohl inzwischen Gesellschaft bekommen!"

Der zweite Mann nickte und lachte: „Sieh an, ein blinder Passagier!"

Schogun und Silvester, die Schiffskatze, schauten verdutzt nach oben. Aber als einer der Männer eine Dose Katzenfutter aus dem Wandschrank nahm, sie öffnete und den Inhalt in einen Napf gab, waren beide gleich zur Stelle.

Die Männer schauten zu, wie Schogun und Silvester fraßen. Einer der beiden sagte plötzlich: „Ist das nicht der Kater vom alten Hansen?"

„Könnte sein!", meinte der andere. „Der hat zumindest denselben weißen Fleck auf der Stirn!"

Dann redeten die Männer über den alten Hansen. Sie mochten ihn und freuten sich, dass sie ihm abends seinen Kater zurückbringen konnten.

„Hoffentlich fällt er uns nicht vorher über Bord!", meinte der eine noch lachend.

Kaum hatte er den Satz ausgesprochen, neigte sich das Schiff ruckartig zur Seite. Ein heftiger Windstoß fegte über das Wasser. Die Männer stürzten aus der Kajüte und liefen die Treppe hoch an Deck.

Silvester flitzte flink unter eine Koje und verzog sich in die hinterste Ecke. Nur Schogun stand immer noch ganz verdattert mitten in der Kajüte.

Das Schiff schlingerte hin und her. Plötzlich löste sich ein eiserner Werkzeugkasten aus der Verankerung und

rutschte quer über den Kajütenboden. Nur mit Mühe entging Schogun dem heransausenden Ungetüm. Er sprang in die Höhe und der schwere Kasten sauste unter ihm hindurch und schlug an die hintere Bordwand. Mit gesträubten Fellhaaren lief Schogun zur Kajütentür. Wenig später setzte das Schaukeln des Schiffes den schweren Kasten erneut in Bewegung. Er glitt über die Holzplanken und knallte lautstark mal an die eine, mal an die andere Wand der Kajüte.

Schogun hielt es nicht mehr aus. So schnell er konnte, flitzte er zur Kajütentür hinaus.

Auf der Treppe nach oben empfing ihn erst einmal eine kräftige Dusche Meerwasser. Schogun wurde sofort

patschnass. Ein eiskalter Wind pfiff ihm um die Ohren und immer neue Wasserladungen schwappten über die Treppe. Hier konnte er auch nicht bleiben!

Schogun kehrte um und stellte sich erneut dem hin und her rasenden Kasten in der Kajüte. Wieder hechtete er durch die Kajüte. Rutschte die Werkzeugkiste nach links, sprintete er nach rechts. Kam sie direkt auf ihn zu, hüpfte er in die Höhe. So ging das qualvolle Minuten lang.

Auf einmal war wieder alles ruhig. Das Schiff schwankte nur noch leicht und der Werkzeugkasten blieb in einer Ecke liegen. Misstrauisch starrte Schogun ihn noch eine Zeit lang an. Aber der Kasten rührte sich nicht mehr.

Silvester saß noch immer unter der Koje. Er hatte aus Erfahrung gewusst, wo es am sichersten war. Nun sah er zu, wie der erschöpfte Schogun einen Schwall Meerwasser aus seinem Fell schüttelte. Rasch kam er aus seinem Versteck und stupste ihn freundlich mit der Nase an. War ja alles halb so schlimm, hieß das.

An Deck rief einer der Männer: „Ho, das wird zu stürmisch heute. Lass uns lieber umkehren!"

Eine halbe Stunde später legte der Kutter wieder im Hafen an. Schoguns Fell war gerade getrocknet.

Einer der Männer packte Schogun auf den Arm und stiefelte mit ihm zur Hafenstraße hinüber. Silvester stand

auf der Bordkante und schaute den beiden traurig hinterher.

Der Mann vom Fischkutter ging um das Lagerhaus herum und die belebte Hafenstraße entlang. Vor dem roten Backsteinhaus machte er Halt und klingelte bei Hansen.

„Ja, Morten, wen bringen Sie mir denn da? Da bist du ja endlich, du Ausreißer!", rief Hein Hansen und nahm Schogun in Empfang.

Morten sagte schmunzelnd zu ihm: „Ein richtiger Seebär ist das, Ihr kleiner Kater! Geht da einfach auf große Fahrt wie Sie früher!"

# Katzenumzug

Herr Krautstengl wachte mitten in der Nacht auf. Er fühlte sich hundeelend. Seine Augen tränten, die Nase war verstopft und die Brust tat ihm weh. Er versuchte, tief durchzuatmen. Aber er bekam trotzdem kaum Luft.

Ich hab' mich erkältet, dachte er. Er wunderte sich nur, dass er am Abend vorher noch nichts gemerkt hatte.

Mühsam stand Herr Krautstengl auf, schleppte sich in die Küche und kochte Kamillentee. Durch das Klappern

der Tassen weckte er die Katzen Bobby und Mohrle. Sie schliefen wie immer im Wohnzimmer in ihren Katzenkörben. Jetzt gähnten, räkelten und streckten sie sich und schlichen noch ganz verschlafen in die Küche, weil sie glaubten, es sei schon Zeit fürs Frühstück.

Herr Krautstengl streichelte sie. Da musste er gleich zehnmal hintereinander niesen. Nachdem er sich ausgiebig die Nase geschneuzt hatte, gab er Bobby und Mohrle etwas Hackfleisch in ihre Schälchen. Dann trank er seinen Tee. Schließlich legte er sich im Wohnzimmer auf die Couch, wo er sich bis zum Morgen ruhelos hin und her wälzte.

Seine Frau Henriette und ihr Sohn Daniel fanden ihn dort in der Früh. Henriette rief sofort den Hausarzt an. Eine Nachbarin holte Daniel für den Kindergarten ab. Dann fuhren Henriette und ihr Mann zum Arzt.

Der Doktor sah Herrn Krautstengls geschwollenes Gesicht und die tränenden Augen. Da wusste er sofort, was los war. „Sie haben eine Allergie!", sagte er. Er gab ihm gegen die Beschwerden eine Cortisonspritze.

Herr Krautstengl spürte schnell eine Erleichterung. Aber er musste noch einen Allergietest machen. Dabei wurden ihm verschiedene Stoffe, die Allergien auslösen können, in den Oberarm geritzt. Das tat nicht weh. Nach

einer halben Stunde sah sich der Doktor den Arm an. Eine Stelle war knallrot und geschwollen. Sie juckte.

„Aha!", sagte der Doktor. „Sie sind allergisch gegen Tierhaare! Haben Sie Haustiere?", fragte er.

Herr und Frau Krautstengl nickten heftig. „Zwei Katzen!"

Der Arzt kratzte sich am Kopf. „Tja!", sagte er gedehnt. „Wenn Sie gesund werden wollen, müssen Sie sich von den Tieren trennen." Dann erwähnte er noch, dass die Wohnung pingelig von allen Katzenhaaren gesäubert werden müsste.

Herr Krautstengl und seine Frau waren geschockt. Sie konnten Bobby und Mohrle doch nicht einfach weggeben! Henriette kamen die Tränen. Bedrückt machte sie sich mit ihrem Mann auf den Heimweg.

Zu Hause scheuchte Henriette Bobby und Mohrle erst einmal in den Garten und stellte ihnen ihr Futter und das Wasser auf die Terrasse. Die beiden blieben verblüfft vor der Glastür zur Küche stehen und guckten verständnislos durch die Scheibe. Aber schließlich wandten sie sich ihren Fressnäpfen zu.

Henriette holte inzwischen den Staubsauger hervor. Eine Stunde lang saugte sie im ganzen Haus. Am Schluss hoffte sie, dass sie alle Katzenhaare von den Teppichen,

Polstermöbeln, Kissen, Decken und Vorhängen wegge-
saugt hatte. Aber natürlich waren noch überall feine Kat-
zenhärchen in den Kleidern, in ihren Haaren und in der
Luft, die erst nach und nach verschwinden würden.

Henriette setzte sich zu ihrem Mann an den Küchentisch. „Was sollen wir jetzt tun?", fragte sie. Ihr Mann zuckte mit den Schultern. Er wusste es auch nicht.

Da klingelte es und die Nachbarin brachte Daniel vom
Kindergarten heim. Henriette ging mit ihm in die Küche.
Als Daniel sah, dass Bobby und Mohrle draußen waren,
wollte er ihnen sofort die Tür öffnen.

„Lass sie nicht rein!", bat Henriette. „Papa ist krank!"

Daniel schaute ungläubig. „Warum müssen dann
Bobby und Mohrle draußen bleiben?"

Henriette erklärte ihm, was der Doktor gesagt hatte. Sofort verzog Daniel das Gesicht und fing an zu weinen.
Henriette tröstete ihn. „Wir werden schon eine Lösung
finden!"

Erst einmal kochte sie für sich und Daniel Nudeln mit
Tomatensoße. Ihr Mann wollte nur Kamillentee. Er fühlte
sich noch ziemlich flau.

Beim Kochen überlegte Henriette. Sie wollte sich auf
keinen Fall von Bobby und Mohrle trennen, so viel war
klar. Die Krautstengls hatten die Katzen vor drei Jahren

bekommen. Daniel war damals noch ein Baby gewesen.

Der rabenschwarze Mohrle war Henriette besonders ans Herz gewachsen. Als er vor zwei Jahren auf der Straße in ein Auto gerannt war, musste ihm ein künstliches Hüftgelenk eingesetzt werden. Es war ein Wunder, dass er damals die schwere Operation überhaupt überlebte. Henriette hatte ihn wochenlang gepflegt. Seit dem Unfall hinkte Mohrle. Er war überaus scheu und floh, wenn er nur das Geräusch eines Autos hörte.

Henriette dachte wieder angestrengt nach – und plötzlich hatte sie eine Idee. Als sie gleich darauf alle drei am Tisch saßen erklärte Henriette ihren Plan. Ihr Mann war zuerst skeptisch. Aber dann hielt er es doch für möglich, dass der Plan klappen könnte.

Sofort nach dem Essen machte Henriette sich an die Arbeit. Auf ein überdachtes Plätzchen auf der Terrasse stellte sie die Futterschälchen für Bobby und Mohrle. Das würde ihr neuer Essplatz sein. Dann baute sie den Katzen ein Schlaflager. Es musste warm und geschützt sein, denn auch im Winter mussten Bobby und Mohrle von nun an draußen schlafen. So konnten sie keine Katzenhaare in die Wohnung hereinbringen.

Im ersten Stock hatte das Haus einen überdachten Balkon. Dort lag das Schlafzimmer von Henriette und ihrem

Mann. Henriette stellte eine Leiter auf, die bis zum Balkon hinauf reichte. Über die Leiter konnten die Katzen jederzeit auf den Balkon. Als die Leiter fest montiert war, begannen Bobby und Mohrle sofort darauf herumzuturnen. Auf den Balkon stellte Henriette eine große, wasserfeste Styroporkiste. Sie polsterte sie dick mit alten Sitzbezügen aus Lammfell aus. Da hinein kamen die Katzenkörbe. Auch die Schmusekissen und Decken der Katzen, ihr Spielzeug, eine Gummimaus, ein Stoffdino und bunte Wollknäuel wurden nicht vergessen.

Noch ehe alles fertig war, beschnupperten Bobby und Mohrle ihr neues Lager. Dann lümmelten sie sich in die warmen Lammfelle und putzten ausgiebig ihren Pelz. Bobby leckte sogar das Lammfell mit der Zunge ab. Schließlich schlummerten die beiden ein.

Am Abend waren alle gespannt. Würden Bobby und Mohrle das Lager auch für die Nacht akzeptieren?

Zuerst maunzten Bobby und Mohrle etwa eine Stunde vor der Küchentür. Die Krautstengls gaben schon fast die Hoffnung auf. Wenn es auf diese Weise nicht ging, mussten sie die Katzen doch weggeben. Doch irgendwann hörten Bobby und Mohrle auf zu miauen und trollten sich in ihr Balkonlager.

Henriette und ihr Mann schliefen in dieser ersten Nacht

nicht gut. Abwechselnd standen sie auf und sahen zum Fenster hinaus auf den Balkon. Aber jedes Mal schliefen die Katzen tief und fest.

In den nächsten Wochen miauten Bobby und Mohrle noch oft vor der Küchentür und wollten ins Haus. Doch schließlich gewöhnten sie sich an das neue Leben im Freien. Sie blieben aber trotzdem richtige Hauskatzen und verwilderten nicht.

Sie lebten noch viele Jahre bei Henriette, ihrem Mann und dem kleinen Daniel. Herr Krautstengl musste zwar ab und zu noch Tabletten gegen seine Allergie einnehmen, aber solange er Bobby und Mohrle aus dem Weg ging, hatte er keine Beschwerden mehr.

# Die Geisterkatze

Mario stand an der dunklen Kellertreppe. Seine Hand tastete sich langsam zum Lichtschalter und drehte ihn herum. Trotz des vertrauten Klickens blieb es jedoch dunkel. Noch ein paarmal drehte Mario den Schalter hin und her, aber nichts rührte sich. Die Glühbirne musste kaputtgegangen sein.

„Wie soll ich jetzt bloß das Bier heraufholen?", überlegte Mario. Dann murmelte er entschlossen: „Ich fürchte mich doch nicht, da hinunterzugehen und wenn es noch so dunkel ist."

Mario war schon oft allein im Keller gewesen. Um für die Eltern Bier aus dem Kasten zu holen oder um Kartoffeln oder Marmelade zu bringen. Allerdings hatte das Licht da immer funktioniert. Im Grunde wusste Mario also genau, wo er seine Schritte hinsetzen musste. Aber jetzt war da diese undurchdringliche Dunkelheit. Es roch feucht und muffig im Keller, nach altem Gemäuer und verstaubten Kartoffeln. „Fehlen nur noch die Fledermäuse und Graf Dracula", dachte Mario.

Vorsichtig setzte er nun einen Fuß vor den anderen. Stufe für Stufe tastete er sich langsam die Kellertreppe hinab. Er wusste, dass es siebzehn Stufen waren. Mit der

Hand glitt Mario die Wand entlang und zählte langsam mit – „eine Stufe, zwei, drei" –, bis er schließlich bei siebzehn angelangt war. Dann ging es rechts um die Ecke, etwa fünf Schritte. Behutsam strich Mario mit den Turnschuhen über den Kellerboden und prüfte, ob auch kein Hindernis im Weg lag.

„Hoffentlich hat Vater den Werkzeugkasten nicht wieder mitten im Gang stehen lassen", dachte er. Da hörte er dicht neben sich ein Geräusch. Etwas Weiches, Warmes strich um seine Beine. Dann polterte plötzlich irgend etwas auf den Boden. Mario zuckte erschreckt zusammen. All sein Mut war mit einem Mal wie weggeblasen.

So schnell er konnte, rannte Mario die Treppe wieder hoch, zurück ins Wohnzimmer. Er war ganz blass im Gesicht und atmete heftig.

Marios Vater runzelte die Stirn, als Mario erzählte, dass im Keller etwas um seine Beine gestreift sei.

„Du glaubst doch nicht an Gespenster!", sagte er verärgert. „Das wird der Öllappen auf dem Werkzeugkasten gewesen sein, den du im Vorbeigehen berührt hast. Im Keller ist nichts, wovor du dich fürchten musst! Wie oft hab' ich dir das nun schon gesagt?"

Marios Vater ging zum Schrank und kramte darin

herum. Dann drückte er Mario eine Taschenlampe in die Hand und knipste sie an.

„So!", sagte er. „Jetzt gehst du damit noch einmal hinunter und holst unser Bier. Du wirst sehen, da gibt es nichts zu fürchten!"

Die Taschenlampe verbreitete einen schönen, hellen Lichtschein. Mit ihm kehrte auch Marios Mut langsam wieder zurück.

Mario stieg wieder in den Keller. Diesmal nahm er sogar immer zwei Stufen auf einmal. Unten leuchtete er den weißgestrichenen Gang ab. Seitlich an der Wand stand Vaters Werkzeugkasten.

„Und mir predigt er immer Ordnung!", murmelte Mario. Vorhin konnte er den Kasten aber nicht berührt haben, denn er war in der Gangmitte gegangen. Ansonsten war der Kellergang völlig leer. Hatte er sich das Ganze etwa nur eingebildet?

Die Holztür zum Getränkekeller stand halb offen. Mario schubste sie ganz auf. Sie knarrte. Der Lichtkegel fiel über Bier- und Limokästen, die große Kartoffelkiste, das Regal mit den Marmeladen, leere Obststeigen und die alte Kommode für Lebensmittelvorräte.

„Weit und breit keine Gefahr!", rief Mario lachend. Trotzdem erschrak er vor seiner Stimme, die dumpf von den Wänden widerhallte.

Geschickt klemmte Mario die Taschenlampe unter die Achsel und zog zwei Bierflaschen aus dem Träger. Er wollte möglichst schnell wieder nach oben. Rasch griff er noch nach einer Limo. Da sah er in der Ecke, fast am Boden, zwei smaragdgrüne Augen glühen. Eindeutig Augen! Die Limoflasche knallte auf den Boden und zersprang in tausend Scherben.

Mario schlotterte vor Angst und blieb wie angewurzelt stehen. Auch die glühenden Augen regten sich nicht. Unwillkürlich musste Mario an einen Geist denken.

Ganz langsam zog er die Taschenlampe unter der Ach-

sel hervor und richtete sie auf die funkelnden Augen. Sofort hörte das Funkeln auf. Stattdessen erblickte Mario ein weißes Fellgesicht mit rosa Stupsnase. Es hatte vor Schreck weit geöffnete Augen, abstehende Schnurrhaare und spitze Ohren.

Es war eine Katze. Eine völlig verängstigte Katze. Ihre Fellhaare sträubten sich so sehr, dass sie fast senkrecht vom Körper abstanden. Die Katze zitterte wie Espenlaub. Sie war grau getigert, nur das Gesicht und die Pfoten waren weiß. Wie Söckchen sahen sie aus. Hinter ihr stand das Kellerfenster sperrangelweit offen.

Auf einmal war Marios Furcht weg. „So sieht also ein Geist aus", dachte er, „ein Katzengeist!" Er tippte sich an die Stirn und musste lachen.

„Na, du kleines Schreckgespenst!", flüsterte er und näherte sich der Katze. Er wollte sie streicheln. Doch kaum war Mario in ihrer Reichweite, versetzte ihm die Katze mit ihrer hübschen Söckchenpfote einen scharfen Hieb. Mario zog seine Hand schnell wieder zurück.

Ist ja klar, dass sie sich wehrt, dachte er. Er ärgerte sich, dass er das verängstigte Tier so überrumpelt hatte. Jetzt würde es um so länger dauern, bis es sich beruhigte. Mario überlegte, was er tun sollte. Dann lief er schnell nach oben.

„Mama, Papa, im Keller ist eine Katze", rief er aufgeregt und erzählte, was unten im Keller passiert war.

Mit Schaufel und Besen und einem Stück Leberwurst bewaffnet, kehrte Mario gleich darauf in den Keller zurück. Er fegte erst einmal die Scherben beiseite, damit nicht die Katze und auch sonst niemand hineintappte. Bald war alles wieder tipptopp.

Danach kümmerte sich Mario um die Katze, die noch immer verschreckt in der Ecke saß. Vorsichtig legte er ihr etwas Wurst hin. Erst zögerte die Katze, aber dann konnte sie dem Leckerbissen doch nicht widerstehen. Als sie mit

dem Fressen fertig war, ließ Mario die Katze an seiner Hand schnuppern. Nach einer Weile konnte er sie anfassen. Einen Pfotenhieb bekam er nun nicht mehr. Mario nahm die Katze schließlich auf den Arm und brachte sie nach oben.

Marios Mutter stand in der Küche. Als sie die Katze sah, ahnte sie schon, was jetzt kommen würde.

„Können wir die Katze nicht behalten?", fragte Mario prompt als erstes. „Bitte, Mama!"

Marios Mutter sagte sofort: „Eine Katze kommt mir nicht ins Haus!" Sie konnte Katzen nämlich nicht leiden, weil sie sie für falsch und hinterlistig hielt. Sie waren ihr irgendwie unheimlich.

Marios Vater gefiel die Katze auf Anhieb, weil sie so hübsche weiße Fellsöckchen hatte. Was Marios Mutter jetzt sagte, fand er aber auch vernünftig. „Abgesehen davon, dass ich die Katze nicht mag, gehört sie doch bestimmt jemandem!"

Der Vater wusste schließlich eine Lösung. „Du schreibst einfach zehn schöne Zettel, Mario und verteilst sie im ganzen Viertel. Auf den Zetteln soll stehen, dass uns eine Katze zugelaufen ist, wie sie aussieht und unsere Telefonnummer. Wenn sich nach vierzehn Tagen niemand meldet, halten wir noch einmal Familienrat ab."

Am nächsten Tag beschrieb Mario zehn feste, weiße Kartons mit schwarzem Filzstift und hängte sie überall in der Gegend auf: beim Bäcker, beim Metzger, beim Friseur, am Supermarkt und an einigen dicken Bäumen.

Einige Tage später beobachtete Mario seine Mutter bei der Küchenarbeit. Sie schnitt gerade das Gemüse und hörte dabei Radio. Das Besondere war jedoch, dass sie diesmal Gesellschaft hatte. Die Katze strich schnurrend um ihre Beine und Marios Mutter bückte sich in regelmäßigen Abständen, um die Katze zu streicheln.

Mario freute sich, dass sich seine Mutter offensichtlich mit der Katze angefreundet hatte. Sie hatte sich sogar schon einen Namen für die Katze ausgedacht: Naomi.

„Sehr hübsch!", stimmte Mario sofort zu. Dabei dachte

er: „Wenn Mama der Katze schon einen Namen gegeben hat, wird sie sie wohl nicht mehr weggeben wollen." Damit sollte er Recht behalten.

Es riefen zwei Leute wegen der Katze an. Eine Frau kam auch vorbei und sah sie sich an, aber sie war nicht die Besitzerin. Genau nach vierzehn Tagen machte Mario alle Anschläge wieder ab. Der Familienrat beschloss einstimmig, dass Naomi, die „Geisterkatze", für immer bei ihnen bleiben sollte.

# Katzenversammlung

Als Kitty den vereinbarten Treffpunkt der Katzenversammlung, ein abgeerntetes Maisfeld, erreichte, wurde sie dort von den anderen Katzen bereits ungeduldig erwartet.

„Wo bleibst du so lange?"

„Wir dachten schon, du kommst gar nicht mehr!"

„Wir wollten schon wieder nach Hause gehen!", riefen die Katzen sehr aufgeregt durcheinander.

„Ist ja schon gut", sagte Kitty. „Ich weiß, als Vorsitzende sollte ich pünktlich erscheinen, aber mein Frauchen hat mich nicht eher rausgelassen!"

Einige Katzen nickten ziemlich verständnisvoll. Nicht alle konnten in ihrem Zuhause so ein- und ausgehen, wie sie gerne wollten, zum Beispiel durch ein Fenster, das immer offen war. Viele mussten jedes Mal ihr Herrchen oder Frauchen anmaunzen, damit es ihnen schließlich die Tür öffnete. Und das klappte nicht immer auf Anhieb.

Die Begrüßung fiel diesmal kürzer aus als sonst. Nur flüchtig beschnupperten die Katzen und Kater sich gegenseitig und stupsten sich mit ihren Nasen an.

Kitty, die an diesem Abend bestimmen durfte, was besprochen und getan werden sollte, begann gleich mit

der Tagesordnung: „Hat jemand etwas Wichtiges vorzutragen?"

Eine weiße Katze meldete sich. „Ich habe eine erfreuliche Mitteilung zu machen", schnurrte sie. „Meine Freundin Pippa hat gestern vier junge Kätzchen zur Welt gebracht. Alle sind gesund und wohlauf!"

„Richte ihr liebe Grüße von uns allen aus!", sagte Kitty. „Wir hoffen, dass sie bei der nächsten Versammlung wieder dabei ist."

Jetzt trat eine ältere graue Katze nach vorne. „Ich habe eine traurige Nachricht", maunzte sie leise. „Ihr kanntet doch alle Mauro, meinen ältesten Sohn. Er wurde letzte Woche im Wald von einem Jäger erschossen!" Die Katze wandte sich ab und schlich wieder nach hinten. Sie war sehr traurig.

„Das tut uns allen sehr, sehr Leid", drückte Kitty im Namen aller Katzen ihr Beileid aus.

„Ich möchte jetzt alle noch einmal ausdrücklich warnen! Hütet euch in Zukunft davor, in den Wald zu laufen! Ihr wisst, viele Jäger schießen sofort, wenn sie nur eine Katze sehen", ermahnte Kitty ihre Freunde.

Eine Weile hörte man keinen Mucks von den anderen. Alle dachten daran, wie schnell doch so ein Katzenleben zu Ende sein konnte.

„War sonst noch irgendetwas?", fragte Kitty schließlich in die Runde. Keiner meldete sich.

„Dann möchte ich nur noch wissen, ob es irgendwelche Beschwerden gibt, die unser Zusammenleben betreffen. Revierstreitigkeiten oder sonstige Klagen?"

Alle Katzen und Kater drehten sich wie verabredet in die gleiche Richtung und deuteten auf einen Kater, der völlig unbeteiligt dreinblickte.

Es war Felix, der berüchtigte Raufbold des Viertels. Er war schon zweimal ermahnt worden, sich an die Katzenregeln zu halten, aber offensichtlich hatte es wieder nichts genützt.

Felix sah total heruntergekommen aus. Ein Ohr hing schlapp herunter, sein schwarz-weiß-rot geschecktes Fell war verklebt und ungepflegt. Quer über sein wildes Gesicht zog sich eine große blutige Schramme, die bestimmt von einem Pfotenhieb herrührte.

Von allen Seiten prasselten Klagen über Felix herein.

„Es gab keinen einzigen Tag, an dem ich Felix nicht aus meinem Garten verjagen musste!", knurrte Kater Janosch verärgert. „Und, es ist ganz und gar unfassbar, vorgestern ist er nachts sogar über das Fenster, das nur für mich offen stand, in mein Haus eingestiegen und hat in der Küche mein Futterschüsselchen leer gefressen!"

111

Die anderen Katzen schüttelten die Köpfe und murrten und knurrten, so empört waren sie über diese dreiste Revierverletzung.

„Ich konnte ihn schließlich aus dem Haus jagen und habe ihm dabei diese prächtige Schramme im Gesicht verpasst!", fügte Janosch stolz hinzu und deutete auf das verkratzte Gesicht von Felix.

Als nächstes meldete sich der pechschwarze Hannemann, ein älterer Kater, der erst kürzlich in das Viertel gezogen war.

„Sobald ich mich im Garten blicken lasse, ist Felix hinter mir her und jagt mich den nächsten Baum hinauf", klagte er. „Viele endlose Stunden habe ich wegen dem Rüpel schon draußen in der Kälte verbracht!"

Felix konnte sich ein verächtliches „Miau!" nicht verkneifen. Ein Revier bekommt man eben nicht geschenkt, dachte er. Das muss man sich schon tapfer erkämpfen!

Schließlich trug die hübsche Kartäuserkatze Salome etwas vor, das alle Katzen und Kater absolut verabscheuungswürdig fanden.

„Als ich vor vier Wochen hochschwanger war", flüsterte sie, noch jetzt entsetzt beim bloßen Gedanken daran, „da kam Felix plötzlich aus dem Gebüsch gesprungen. Er hat mich absichtlich fast zu Tode erschreckt. Ich dachte

schon, die Babys würden viel zu früh im Gebüsch zur Welt kommen!"

Das Knurren und Raunen der Katzen wurde nun immer lauter und drohender.

„Ruhe!", rief Kitty. Die Katzenstimmen wurden leiser. Kitty wandte sich Felix zu:

„Felix, was hast du dazu zu sagen?"

Felix schlug mit der Schwanzspitze auf den Boden. „Wenn mich keiner mag ...", murmelte er trotzig.

„Wie soll dich jemand mögen, wenn du dich immer so schlecht benimmst", sagte Kitty.

„Ich bin halt so", maulte Felix und schaute wie ein Unschuldslamm drein.

„Versuch wenigstens, dich zu bessern, sonst müssen wir dich aus unserer Gemeinschaft ausschließen!", mahnte Kitty streng.

Der wilde Felix nickte ergeben zu Kittys ermahnenden Worten und gelobte zum dritten Mal, sich zu bessern.

Für sich aber dachte Kitty: „Vielleicht wird Felix zugänglicher, wenn er sich verliebt!" Sie schaute in die Runde und musterte alle anwesenden Katzenweibchen. Dabei blieb ihr Blick an Babette hängen. Babette war eine außergewöhnlich hübsche, bräunliche Abessinierkatze mit bernsteinfarbenen Augen und einem süßen weißen

Schnäuzchen. Sie wäre gerade richtig, überlegte Kitty. Vielleicht kann ich da etwas einfädeln.

Laut sagte Kitty: „Das war's für heute! Dann ernenne ich zum nächsten Vorsitzenden für die Sitzung in vier Wochen:" – sie machte eine kurze Pause und sah sich um –„Felix!"

Kitty war eingefallen, dass man Felix vielleicht zur Vernunft bringen konnte, indem man ihm diese verantwortungsvolle Position übertrug.

„Und weil Felix das zum ersten Mal macht, soll ihm Babette dabei helfen", fügte Kitty listig hinzu. „Gemeinsam könnt ihr das Programm für die nächste Sitzung vorbereiten!"

Felix wurde knallrot unter seinem scheckigen Fell. Ein Glück, dass es keine der anderen Katzen merkte! Felix hatte sich heimlich schon immer gewünscht, einmal Vorsitzender sein zu dürfen. Und dann noch mit der süßen Babette als Assistentin! Er war sehr stolz auf sich und gelobte innerlich, sich von nun an anständig zu benehmen.

„Babette und ich werden in vier Wochen eine Supersitzung hinlegen", dachte er stolz. „Die werden sich noch wundern, was ich alles kann! Wahrscheinlich wollen sie danach gar keinen anderen Vorsitzenden mehr haben!"

„Wir lassen den Abend noch gemütlich ausklingen!", sagte Kitty und unterbrach Felix in seinen Gedanken. Sie wünschte allen eine gute Nacht. „Wir sehen uns in vier Wochen hoffentlich alle gesund wieder", fügte sie noch hinzu.

Unter den Katzen begann sofort ein leises Wispern und Raunen. Man erzählte sich noch schnell die neuesten Klatschgeschichten, ehe man wieder auseinander ging.

Babette setzte sich hinüber zu Felix. Die beiden sprachen aufgeregt darüber, wie sie in vier Wochen ihre erste Sitzung gestalten wollten. Von Zeit zu Zeit schwiegen sie, blickten sich tief in die Augen und bestupsten sich gegenseitig zärtlich mit den Nasen.

„Wirklich ein schönes Paar!", dachte Kitty und war restlos mit sich zufrieden.

Allmählich verstummte das Getuschel.

Die Katzen pflegten sich gegenseitig das Fell oder rieben ihre Köpfchen noch einmal am Nachbarn oder der Nachbarin. Schließlich verschwand eine Katze nach der anderen in der Dunkelheit.

Es war natürlich Ehrensache, dass Felix seine Assistentin Babette bis zu dem Fenster begleitete, das extra für sie offen stand.

Lange starrte er dann noch verliebt in die dunklen Scheiben, als Babette schon längst wieder drinnen im Haus verschwunden war.

# Am Fischmarkt von Calangute

Der Morgen graute. Dünne Nebelschwaden hingen über Calangute, einem ärmlichen Fischerdorf am Indischen Ozean. Glutrot und leuchtend stieg der Sonnenball hinter den fernen Bergen auf und schickte seine ersten Strahlen über das türkisfarbene Meer. Ein Dutzend kleiner Motorboote tuckerte langsam vom Meer herein auf die Küste zu. Die Fischer kamen von ihrem nächtlichen Fang zurück.

Barbara und Marlene starrten fasziniert auf die Wellen und lauschten den unverständlichen Rufen der Fischer, die ihre Familien am Ufer begrüßten. Es war der zweite Tag ihres vierwöchigen Indienurlaubs und sie waren extra ganz früh aufgestanden, um den Sonnenaufgang am Meer zu erleben. Danach wollten sie den Markt von Calangute besuchen.

Während die Fischer ihre Netze entleerten und die Frauen die Fische ausnahmen und wuschen, gingen Bar-

bara und Marlene schon einmal in Richtung Markt.

Auf der holprigen Straße war einiges los, obwohl es erst sechs Uhr morgens war. Schmutzige, dreirädrige Lastwagen tuckerten vorbei. Auf ihren Ladeflächen türmten sich riesige Käfige. Darin saßen Enten, Gänse und Hühner und schnatterten in der frischen Morgenluft. Viele Frauen trugen Gemüse, Salat, Eier, Gewürze oder Fische in ihren Tragekörben. Manchmal knatterten Motorräder an ihnen vorbei, die Beifahrersitze bis oben hin mit Früchten bepackt.

Barbara und Marlene erreichten den Platz in der Mitte des Dorfes, auf dem bereits etliche Buden aufgestellt waren. Lautstark priesen die Händler ihre Waren an.

„Fisch, Fisch, frischer Fisch!", rief eine junge Frau und hielt den beiden Freundinnen einen prachtvollen Plattfisch unter die Nase.

Marlene wollte sich schon nach dem Preis erkundigen, als Barbara einen kleinen Schrei ausstieß: „Sieh nur, Marlene, da sind lauter Katzen! Da bei dem Strohhaufen."

Jetzt sah Marlene sie auch. Gleich mehrere Katzenfamilien lagerten hinter den Fischständen und schienen nur darauf zu warten, dass ein paar Brocken für sie abfielen. Alle zusammen waren schrecklich mager und die jungen Kätzchen miauten kläglich.

Barbara ging vorsichtig auf die Katzen zu, um sie nicht zu erschrecken. Aber die Katzen nahmen sie kaum wahr. Offensichtlich war der Strohhaufen auf dem Markt ihr Zuhause, von dem sie sich nicht so einfach vertreiben ließen.

Barbara blieb lange stehen und beobachtete das Gewusel von kleinen und großen Katzenkörpern. Da kam ein weißes Kätzchen mit rosafarbenem Schnäuzchen direkt auf sie zugelaufen. Barbara nahm es in den Arm und streichelte es. Sofort begann das Kätzchen zu schnurren.

„Ach, ist das süß!", rief Barbara und hielt Marlene das Kätzchen hin, die es sanft hinter dem Ohr kraulte.

„Wem gehören denn all die Katzen hier?", fragte Marlene die Frau, die ihnen vorher den Fisch angeboten hatte.

„Sie gehören niemandem", antwortete die Inderin knapp.

„Aber wer füttert sie dann?", wollte Barbara wissen.

„Niemand." Die Inderin machte mit der Hand eine weite ausholende Geste. Hier gibt es Abfall genug, sollte das wohl heißen.

„Das ist ja schrecklich", rief Barbara und drückte das Kätzchen noch fester an sich. „Können wir die Katze mit heimnehmen?", fragte sie dann plötzlich.

„Von mir aus", sagte die Inderin mit rauer Stimme und hielt ihr gleichzeitig wieder den Plattfisch unter die Nase. „Fünfzig Rupien, sehr billig!"

„Gut", sagte Barbara kurz entschlossen. „Wir nehmen den Fisch. Und die Katze auch. Bei uns bekommt sie wenigstens ein richtiges Zuhause."

Die Inderin lachte und wickelte rasch den Fisch ein. Barbara nahm ihn in die eine Hand, das Kätzchen in die andere und machte sich mit ihrer Freundin auf den Weg in ihr Ferienhäuschen.

„Ich will das Kätzchen unbedingt nach Hause nach Berlin mitnehmen", sagte sie auf der Straße zu Marlene. „Ich schmuggle es einfach ins Flugzeug."

„Aber wie willst du das machen?", fragte Marlene.

„Du wirst schon sehen. Ich schaffe das!"

Barbara und Marlene trugen das Kätzchen in das kleine Holzhaus, das sie von einem Bauern gemietet hatten. Dort ging Barbara sofort zum Küchenkasten und holte ein Glasschälchen heraus. Sie füllte es mit Milch und stellte es dem Kätzchen vor die Nase. Das schleckte mit seiner rosa Zunge in Windeseile das ganze Schälchen leer, sodass es aussah wie frisch gespült. Als Marlene sah, wie es dem Kätzchen schmeckte, füllte sie das Schälchen nach.

„Ob das so klug war, was wir gemacht haben?", fragte Marlene auf einmal nachdenklich.

„Wieso?", fragte Barbara zurück.

„Nun, wir sind tagsüber am Strand oder flitzen mit dem Motorrad durch die Gegend. Wer soll sich denn da um das Kätzchen kümmern?"

„Ach was", sagte Barbara. „Das wird sich finden und besser als am Markt hat es das Kätzchen bei uns sicher."

Die Tage und Wochen vergingen. Barbara, Marlene und das Kätzchen, das sie Maunz getauft hatten, verstanden sich sehr gut. Maunz schien sich bei ihren neuen Besitzern auch recht wohl zu fühlen. Nur manchmal stand sie an der Tür und kratzte mit der Pfote dagegen, als ob sie hinauswollte. Aber wenn Marlene oder Barbara die Tür aufmachte, blieb sie nur laut miauend stehen.

„Ob sie wohl Sehnsucht nach dem Markt hat?", meinte Barbara.

„Keine Ahnung!" Marlene zuckte mit den Schultern.

Zwei Tage vor ihrer Abreise kam Barbara zu Marlene ins Zimmer. Sie sah traurig aus.

„Wir können Maunz nicht mit ins Flugzeug nehmen", sagte sie. „Wir haben weder einen Impfpass noch einen speziellen Transportkorb für sie. Was sollen wir nur mit ihr machen?"

Die beiden Freundinnen dachten lange nach. Da hatte Marlene plötzlich eine Idee.

„Weißt du was, wir bringen Maunz einfach wieder zurück zum Markt! Da hat sie ihre Familie und kann mit den anderen Katzen spielen. Und verhungern muss sie dort sicher auch nicht bei all den Resten die jeden Tag von den Ständen übrigbleiben."

Barbara war sofort einverstanden. Sie hatte schon ein schlechtes Gewissen bekommen, weil sie Maunz aus ihrer gewohnten Umgebung gerissen hatte, ohne an die Folgen zu denken. Am nächsten Vormittag gingen die beiden mit Maunz zum Markt.

Und so kam es, dass es an diesem Morgen bei den Marktkatzen eine große Wiedersehensfeier gab, als Maunz zu ihrer Familie zurückkehrte. Eine Fischerfrau spendierte sogar einen riesigen Plattfisch. Der wurde natürlich redlich geteilt und Maunz bekam ein besonders großes Stück davon.

# Heimatlos

Sven, ein Schulfreund von Alex, zog heute mit seiner Familie in einen anderen Stadtteil. Natürlich hatte Alex Sven versprochen, ihm beim Kistenpacken zu helfen. Weil er spät dran war, nahm er das Fahrrad. So brauchte er nur fünf Minuten.

Als Alex bei Sven ankam, stand schon der Umzugswagen vor dem Haus. Die Möbelpacker waren dabei, Tische und Stühle, Sessel, Schränke, Kommoden und Kisten in den Lastwagen zu verfrachten. Alex lehnte sein Fahrrad an die Hauswand und rannte hoch in Svens Zimmer.

„Mach die Tür zu!", rief Sven. „Billy ist schrecklich aufgeregt und ich muss aufpassen, dass er nicht wegläuft. Er kann den Trubel nicht ausstehen."

Billy, Svens pechschwarzer Kater, tigerte nervös zwischen leeren Kartons, Bücherstapeln, Spielsachen, Kleidern und offenen Koffern hin und her.

„Na, Billy, hast du auch was gegen Umzüge?", fragte Alex und wollte Billy auf den Arm nehmen. Doch Billy hob drohend eine Pfote und fauchte ihn giftig an.

„Dann eben nicht!", sagte Alex beleidigt.

„Lass ihn!", meinte Sven. „Er wird sich schon irgendwann wieder beruhigen.

Dann drehte er das Radio an und die beiden Freunde begannen, Svens Sachen in die bereitgestellten Koffer und Kartons zu packen.

Ab und zu ging die Tür einen Spaltbreit auf und Svens Mama oder Papa fragte: „Kommt ihr voran?" oder „Braucht ihr Hilfe?" oder „Ist Billy bei euch?" Sven und Alex sagten jeweils nur ja oder nein und die Tür klappte wieder zu.

Schon nach einer Stunde waren Svens Habseligkeiten alle ordentlich verstaut. Sven klebte auf jedes Gepäck-

stück noch einen vorbereiteten Zettel mit seinem Namen. Dann warteten sie auf die Möbelpacker, die alles abholen sollten.

Als Svens Mutter wieder einmal ins Zimmer schaute, hatte sie einen Katzenkorb in der Hand.

„Jetzt kommt Billy an die Reihe", sagte sie. Vorsichtig nahm sie den Kater hoch, streichelte ihn ein paarmal zur Beruhigung und setzte ihn in seinen Korb. Anschließend ging sie mit dem Korb hinunter zum Auto.

„Für mich gibt es hier wohl nichts mehr zu tun", sagte Alex.

Sven nickte. „Danke, dass du mir so toll geholfen hast! Und wir sehen uns am Montag in der Schule, ja?"

„Klar! Ich bin schon gespannt, wie euer neues Haus ist."

Am Montagmorgen war Sven ganz aufgeregt und durcheinander. „Stell dir vor, Billy ist weggelaufen!", sagte er traurig zu Alex.

„Wieso denn das? Was ist passiert?", fragte Alex.

„Ich hab' Billy, gleich als wir angekommen sind, in mein Zimmer gesperrt. Später dann beim Auspacken muss ich wohl vergessen haben, die Tür wieder zuzumachen. Die Haustür stand auch offen, weil die Möbelpacker noch rein- und rausgingen, und da ist er entwischt. Wir haben ganz

lang nach ihm gerufen, aber er ist nicht zurückgekommen."

„Kein Wunder", sagte Alex. „Er kennt ja die neue Gegend und euer Haus noch gar nicht. Wie soll er da zurückfinden? Hast du schon im Tierheim nachgefragt?"

Svens Vater hatte angerufen, aber am Wochenende war keine schwarze Katze abgegeben worden. „Die meinten, wir sollten es in ein paar Tagen wieder probieren."

„Bestimmt landet Billy dort", meinte Alex zuversichtlich.

Am Nachmittag radelte Alex zum Sportplatz, wo ein Spiel seiner Basketballmannschaft stattfand. Der Sportplatz war nur zwei Minuten von seinem Elternhaus entfernt. Als Alex an den Kastanienbäumen vorbeikam, schaute er zufällig nach oben – und entdeckte Billy, der es sich in einer Astgabel bequem gemacht hatte. Alex erkannte ihn an seinem pechschwarzen Fell und dem umgeknickten linken Ohr. Sofort stoppte er und ging zu Billy hin.

„Ja, Billy! Wie kommst du denn hierher? Ihr wohnt doch jetzt ganz woanders."

Billy sah Alex nur mit gleichgültigen grünen Augen an. Dann sprang er vom Baum herunter und rannte in Richtung von Svens ehemaligem Zuhause. Alex ließ das Basketballspiel sausen und radelte zur nächsten Telefon-

zelle. Zehn Minuten später trafen sich Sven und Alex bei Svens früherem Wohnhaus. Billy war gerade dabei, im Garten einen frischen Maulwurfshaufen aufzubuddeln. Er freute sich, als er Sven sah und ließ sich sofort auf den Arm nehmen. Sven brachte ihn im Katzenkorb, den er auf dem Gepäckträger festgeschnallt hatte, zurück in sein neues Zuhause.

Keiner hätte damit gerechnet, dass Billy schon am nächsten Tag wieder ausbüxen würde. Und an den folgenden Tagen war es das Gleiche. Alex sah Billy oft irgendwo in seinem alten Viertel umherstreifen. Jedesmal rief er Sven an und half ihm, Billy dann einzufangen und wieder heimzubringen.

Sven war schließlich ganz verzweifelt. „Billy kann sich einfach nicht an die neue Umgebung gewöhnen. Sobald er weg kann, läuft er zurück zu unserem alten Haus. Langsam finde ich es nicht mehr lustig, ihn immer wieder heimzuholen."

Eines Tages zog in das ehemalige Haus von Svens Eltern eine neue Familie ein. Sie brachte einen großen Schäferhund mit langen, braunen Zottelhaaren mit.

Als Billy wieder einmal in seinem alten Garten auftauchte, fegte plötzlich der große Hund laut bellend hinter ihm her. Billy konnte sich in letzter Sekunde vor ihm ret-

ten, indem er bis in das dünne Geäst des großen Apfel-
baumes hinaufflüchtete. Mit gesträubtem Fell und zitternd
saß er dort, bis der Hund nach einer Weile ins Haus gerufen wurde.

Billy kam trotzdem noch einige Male zurück, wurde
aber jedes Mal sofort wieder von dem Schäferhund in die
Flucht gejagt. Dann schien er es aufzugeben.

In der darauf folgenden Woche erzählte Sven in der
Schule, dass er von nun an Billy nicht mehr nach Hause
tragen würde.

„Vielleicht behält ihn ja jemand in dem alten Viertel, wo
er sich offensichtlich so wohl fühlt", sagte er.

Eine Zeit lang sah Alex den herumstromernden Billy
überhaupt nicht mehr. Wie Sven hoffte er, dass Billy ein
neues Zuhause gefunden hatte.

Es waren ungefähr drei Wochen vergangen, als Alex
bei sich zu Hause in den Keller ging, um sein Fahrrad

unterzustellen. Da sah er in der Ecke auf einem ausrangierten Fleckerlteppich Billy liegen.

Er musste durch das Kellerfenster hereingekommen sein, das meistens offen stand, damit die Wäsche schneller trocknete.

Alex ging auf Billy zu. Aber als er näher an ihn herankam, richtete sich Billy auf, zeigte seine Zähne und fauchte. Jetzt merkte Alex erst, wie schlecht Billy aussah. Er war abgemagert und sein Fell war ohne Glanz und struppig. Inzwischen hatte er sich wieder beruhigt und begann, sorgfältig seine Pfoten zu lecken.

Alex blieb in einiger Entfernung stehen, während Billy immer wieder mit seiner Zunge über die rechte Hinterpfote fuhr und an einer Stelle in sein Fell biss. Alex entdeckte, dass dort eine große Kruste war.

Jetzt weiß ich, warum Billy vorhin so gefaucht hat, dachte er. Er hat sich verletzt. Billy muss sofort zum Tierarzt!

Alex rannte nach oben und rief Sven an, der eine Viertelstunde später mit dem Fahrrad angesaust kam und den Katzenkorb mitbrachte. Es gelang Sven, den verletzten Kater in den Korb zu betten, ohne dass er eine Schramme davontrug. Dann konnte es losgehen. Zum Glück wusste Sven, dass zwei Straßen weiter eine Tierarztpraxis war.

Im Untersuchungszimmer nahm Doktor Wania Billy mit geübtem Griff aus dem Korb. Billy knurrte zwar ein wenig, aber er ließ es mit sich geschehen. Anscheinend war er ziemlich geschwächt.

„Wie heißt die Katze?", fragte Doktor Wania.

„Billy. Es ist ein Kater", antwortete Sven.

„Wahrscheinlich hat Billy in der letzten Zeit kaum gefressen", meinte der Doktor. Er gab Billy eine Betäubungsspritze und bereits nach einer Minute war der Kater fest eingeschlafen. Jetzt konnte Doktor Wania die verletzte Pfote eingehender untersuchen. Die Pfote war stark

geschwollen. Sie eiterte und ein dicker, zentimeterlanger Holzschiefer steckte in der Wunde.

„Billy muss irgendwo runtergesprungen sein und sich dabei den Schiefer eingezogen haben", vermutete Doktor Wania. „Vielleicht war ein Hund hinter ihm her."

Er zog den Schiefer mit einer Pinzette aus der Pfote und säuberte anschließend die Wunde. Danach legte er Billy einen Verband an.

„Übermorgen müsst ihr mit Billy wiederkommen – zum Verbandwechseln", sagte er zu Alex und Sven. „Und sorgt dafür, dass er sich wohl fühlt, wenn er aufwacht", rief er ihnen noch nach, als sie schon fast aus der Tür waren.

Das war leichter gesagt als getan. Denn wo fühlte sich Billy eigentlich wohl? Jedenfalls nicht mehr bei Sven in dem neuen Haus.

„Ich nehme ihn mit zu mir", entschied Alex schließlich. „Zumindest bis er gesund ist."

Sven war einverstanden. Sie trugen den Katzenkorb wieder zu Alex und setzten ihn im Keller ab, und zwar genau an jener Stelle, die sich Billy freiwillig als Lager ausgesucht hatte. Neben den Korb stellten sie ein Teller-chen Dosenfutter und ein Schüsselchen Wasser.

Als Alex' Eltern von der Rettungsaktion hörten, hatten sie nichts dagegen, dass Billy erst einmal bei ihnen blieb.

Billy erholte sich rasch von seiner Verletzung und konnte bald wieder laufen. Doch irgendwann begann er wieder herumzustromern. Nur abends kehrte er regelmäßig zu seinem Schlafplatz im Keller zurück und fraß das Futter, das Alex ihm hinstellte. Eine richtige Hauskatze wurde Billy nie mehr.

# Zu Hause ist es doch am schönsten

Mucki war ein glücklicher Kater. Er war mit sich und seiner Welt rundherum zufrieden. Mucki lebte in einem schönen Haus, das von einem prächtigen Garten umgeben war. In dem Garten wuchsen viele hohe Bäume. Das bedeutete für Mucki, dass es hier viele Vögel gab, die er in Aufregung versetzen konnte. Und hin und wieder gelang es Mucki sogar, einen alten oder kranken Vogel zu schnappen. Dann stoben die Federn in alle Richtungen und für Mucki war es ein Festtag. Mucki war nun mal ein Kater und es lag in seiner Natur zu jagen.

Dazu hatte er auf der großen Wiese im Garten auch genug Gelegenheit. Denn sein Frauchen und sein Herrchen hielten nicht viel von Gartenarbeit und so war alles

133

ein wenig verwildert. Viele runde Maulwurfshügel erhoben sich aus der grünen Wiese und im Unterholz unter den hohen Bäumen lebten zahlreiche Mäusefamilien. Auch Igel ließen sich ab und zu in einem zusammengerechten Laubhaufen häuslich nieder.

Gleich hinter dem Garten lag eine grüne Bauernwiese, auf der Mucki nach Herzenslust herumtollen und den Bauern beim Pflügen und Heumachen zuschauen konnte. Dahinter kam der Wald, in dem Mucki jeden Abend seinen Kontrollgang machte. Alles in allem hätte sich Mucki kein schöneres Zuhause wünschen können.

Seine Menschenmutter Ruth und sein Menschenvater Owi liebten Mucki abgöttisch. Sie hatten zwar einen Sohn, aber der war schon erwachsen und wohnte zusammen mit seiner Freundin in einer großen Stadt. Nur alle paar Monate kam er mit ihr für ein Wochenende zu Besuch. Mucki fand die beiden, sie hießen Manfred und Bea, ja ganz nett. Aber sein richtiges Herrchen und sein Frauchen waren ihm einfach lieber.

Das war kein Wunder, denn sie verwöhnten ihn ja auch nach Strich und Faden.

Jeden Morgen bekam Mucki zu seinem gewöhnlichen Katzenfutter noch ein extra Hackfleischbällchen. Und immer, wenn die beiden aßen, gaben sie ihm einen Hap-

pen von ihrem Essen ab. Deshalb stand neben dem Esstisch am Boden für Mucki extra ein Tellerchen bereit.

Wenn Mucki miaute, wurde ihm sofort die Tür geöffnet und er konnte ein und aus spazieren, wann immer es ihm beliebte. Abends, wenn Ruth und Owi vor dem Fernseher saßen, durfte Mucki Ruth auf den Schoß springen und wurde so lange gekrault, bis er zufrieden schnurrte. Ja, das war ein Katzenleben!

Das sollte nun alles anders werden. Seit Tagen schon strich Mucki unruhig hin und her. Er blieb immer nervös in der Nähe von Ruth und Owi, so als hätte er Angst, sie könnten ihn allein lassen.

„Was wird bloß aus mir, wenn Herrchen und Frauchen einfach weggehen?", fragte sich Mucki ganz verzweifelt. Er wusste weder ein noch aus.

Aber Ruth und Owi, die tatsächlich verreisen wollten, hatten sich natürlich schon etwas für Mucki überlegt. Manfred und Bea würden in dieser Zeit das Haus hüten. Sie würden Mucki füttern und sich um den Garten kümmern.

Mucki war äußerst skeptisch. Er kannte die beiden zwar von ihren Besuchen her, aber er hatte sich nie weiter um sie gekümmert.

Der Tag der Abreise kam heran. Schon früh am Morgen hatten Manfred und Bea geklingelt. Sie wollten die beiden

Urlauber abholen und zum Flughafen bringen.

Der Abschied von Mucki fiel Ruth und Owi offensichtlich schwer. Owi drückte Mucki immer wieder an sich und Ruth weinte sogar, wie Mucki befriedigt feststellte. Die beiden waren noch nicht aus der Tür, da stolzierte Mucki schon mit hoch erhobenem Schwanz durch die Terrassentür in den Garten hinaus. Sie sollten ruhig denken, dass es ihm gar nichts ausmachte, wenn er hier allein zurückblieb.

Aber das stimmte natürlich nicht. Mucki war kreuzunglücklich und wusste überhaupt nicht, wie er die kommenden Wochen ohne Herrchen und Frauchen überstehen sollte. „Die beiden anderen können ja gar nicht so nett sein wie Ruth und Owi", dachte er.

Aber als Manfred und Bea gegen Mittag vom Flughafen zurückkamen, wartete Mucki doch schon sehr gespannt hinter der Terrassentür. Bea machte ihm sofort auf und ließ ihn ins Wohnzimmer.

„Na ja, wenigstens das klappt!", dachte Mucki gnädig.

Manfred und Bea gingen gleich in die Küche und kochten Spagetti Bolognese, Muckis Leibgericht. Mucki erkannte sofort den Duft von Kräutern und gebratenem Hackfleisch. Er setzte sich neben den Esstisch und schlug erwartungsvoll mit der Schwanzspitze auf den Boden. Geduldig wartete er darauf, dass er etwas Spagettisoße

auf sein Tellerchen bekam. Aber Bea füllte nur zwei große Teller mit Spagetti und gab jeweils einen Schöpflöffel voll Soße darüber. Dann setzten sich Manfred und Bea hin und aßen.

„Und was ist mit mir?", fragte sich Mucki verwundert.

Vielleicht hatten sie ja nur vergessen, ihm sein Schälchen hinzustellen. Mucki fing an zu miauen, jammerte kläglich und sprang schließlich auf Beas Schoß. Jetzt mussten sie doch endlich verstehen, was er wollte.

Die beiden verstanden in der Tat. Aber Bea sagte bloß bestimmt: „Katzen haben am Esstisch nichts zu suchen!"

Dann packte sie Mucki und trug ihn in die Küche. Sie deutete auf sein Katzenschälchen, in dem noch ein wenig Katzenfutter vom Frühstück war. Und dann tat Bea etwas Ungeheuerliches: Sie schloss einfach die Tür zum Esszimmer, sodass Mucki nicht mehr hineinkonnte.

„Wir wollen wenigstens in Ruhe essen!", hörte er sie noch sagen.

Mucki war außer sich. So etwas war ihm noch nie passiert. „Sie sollen ihre Ruhe haben!", dachte er und mit einem Satz sprang er aus dem Küchenfenster und lief durch die Büsche davon. Nie wieder würde er dieses ungastliche Haus betreten. Miau! Das kam gar nicht in Frage.

Mucki wusste schon, wohin er gehen würde. Ein paar Häuser weiter wohnte ein kleines Mädchen, das Andrea hieß. Sie hatte ihm einmal ein Schälchen Milch auf die Terrasse gestellt und als Mucki die Milch aufgeschlabbert hatte, hatte er sich sogar von Andrea streicheln lassen. Jawohl, dahin würde er gehen. Dort würde man ihn bestimmt besser behandeln.

Andrea, ein kleines braunhaariges Mädchen, spielte gerade im Garten. Als sie sah, wie Mucki über den Zaun sprang und durch den Garten schnurstracks auf die Terrasse zustrebte, freute sie sich. Ihr größter Wunsch war es nämlich, eine Katze zu haben, aber ihre Eltern erlaubten es nicht, solange ihr Brüderchen noch so klein war.

Als Andrea jetzt Mucki kommen sah, lief sie schnell ins Haus und holte aus der Küche ein Schälchen Milch. Unter ihrem T-Shirt versteckt, brachte sie noch eine halbe Frikadelle mit. Beides legte sie auf die Terrasse. Dann ging sie ein wenig zur Seite und wartete darauf, dass Mucki fressen würde.

Ein solcher Leckerbissen kam Mucki gerade recht. Er fraß blitzschnell das Fleisch und schleckte die Milch auf. Danach setzte er sich auf die Terrasse und putzte sich, wie er es nach jeder Mahlzeit tat. Genüsslich leckte er mit seiner rauen Zunge über sein weiches gelb getigertes Fell und wusch sich mit den Pfoten das Gesicht.

Andrea kam langsam näher und streichelte sanft Muckis Fell. Mucki hielt still und schnurrte.

„Ja!", dachte er, „so lass' ich mir das gefallen!"

Als Mucki fand, nun sei er genug gestreichelt worden, tapste er auf leisen Sohlen zur Gartenliege, sprang hinauf, rollte sich zusammen und schlief einfach ein.

Mucki wachte erst auf, als es bereits dunkel war. Andrea war noch immer draußen und spielte. Sie hatte ihm die zweite Hälfte der Frikadelle und frische Milch hingestellt. Noch ehe er fressen konnte, streichelte sie ihn und flüsterte ihm ins Ohr: „Ich muss jetzt ins Bett. Aber du kannst hier schlafen!" Sie deutete auf die gepolsterte Gartenliege.

„Mmh!", schnurrte Mucki. Das ließ er sich nicht zweimal sagen. Er fraß sein Abendessen, spazierte noch ein wenig im Garten herum und legte sich schließlich wieder hin.

Als später ein kühler Wind über sein Fell strich und alle Geräusche nach und nach verstummten, dachte Mucki an

sein Zuhause, wo es jetzt warm und gemütlich war. Er stellte sich vor, wie es wäre, wenn Ruth ihm den Rücken kraulte und „Mein Muckilein!" sagte. Verärgert scheuchte er diese Gedanken fort.

„Hier ist jetzt mein Zuhause!", sagte sich Mucki und fand, dass er es gar nicht so schlecht getroffen hatte. In Wirklichkeit wollte er nur nicht zugeben, dass er Heimweh hatte und am liebsten wieder nach Hause gelaufen wäre.

Es war bereits Nacht, als ihn eine Stimme aus dem Schlaf riss.

„Mucki, Mucki!", hörte er. Die Stimme kam langsam näher.

„Mucki, wo bist du?"

Mucki sah von seinem Lager aus eine graue Gestalt auf der Straße. Es war Bea, die ihn suchte. Sie musste schon die ganze Gegend abgelaufen sein.

„Na ja, wenn sie sich so viel Mühe gibt und mitten in der Nacht nach mir sucht", überlegte Mucki, „dann will ich ihr noch eine Chance geben!"

Schnell sprang er von der Liege, sauste quer durch den Garten und kletterte über die Hecke.

Als Bea auf ihn zukam, ihn in den Arm nahm und „Gott sei Dank, da bist du ja endlich!" sagte, da pochte Muckis Herz ganz laut vor Freude.

# Die Autorin

Margot Hellmiß, geboren 1953 in Rosenheim, studierte Deutsch, Geschichte und Sozialkunde. Seit 1989 ist sie freiberufliche Journalistin und schreibt Sachbücher und Erzählungen für Kinder und Jugendliche.

# Die Illustratorin

Sigrid Gregor wurde im Mai 1945 in Krummau/Moldau geboren und ist in Hannover aufgewachsen. Sie studierte Kunsterziehung in Braunschweig. Nach dem Studium arbeitete sie zunächst als Kunsterzieherin in Berlin. Seit 1986 ist sie als freischaffende Illustratorin tätig.

# In dieser Reihe sind erschienen:

ISBN 3-8112-2081-0

ISBN 3-8112-2082-9

ISBN 3-8112-2083-7

ISBN 3-8112-2084-5

18,0 x 24,6 cm, je 144 Seiten, durchgehend farbig illustriert
ab 5 Jahren

gondolino